U0930744

江岸风华

JIANG'AN FENGHUA

董玉梅 著

武汉市江岸区文化和旅游局 组编

武汉市

江岸区

历史文化读物

长江出版社
CHANGJIANG PRESS

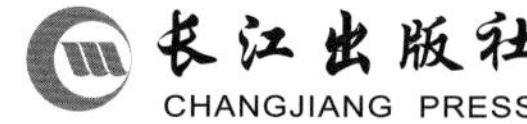

江岸风华

导言

“草屋竹门江岸旁，三三两两竞携将。”这是南宋著名学者赵蕃的诗作。诗中的“江岸”只是一个单纯的地理名称，是一处大江岸边观波涛的地方。武汉自古就被大江浸润，最初的江岸，当然也只是大江的岸边。然清末修建卢汉（京汉）铁路之时，情况有了变化。为了便利运输，刘家庙附近辟建了码头，与卢汉（京汉）铁路共同组织联运。新的铁路站点以“江岸”命名，新的联运码头也以“江岸”为名。江岸车站和江岸码头的命名与使用，使“江岸”成为了一个地区性名称。1952 年，“江岸”的含义有了新变化，它变成了具有行政管辖功能的“江岸区”。

从 1952 年至今，“江岸”作为行政区已经存在 73 年了，其管辖范围从小到大,已经成为武汉市最重要的行政区之一。蓦然回首，我们发现江岸的历史是如此的丰富，江岸的文化是如此的多彩，在政治、经济、文化诸方面，江岸都有诸多领先时代潮流的记载，在政治、军事上，国共两党都在这里留下明晰的足印；在经济上，以租界、码头为起点，江岸曾牵起通往欧亚的贸易网；在文化上，江岸的文化是中西文化交流碰撞的结合。江岸既有闪耀着钻石般光彩的辉煌，也有需要反思、需要总结的屈辱过往，值得我们把深埋在这块沃土中的百年历程和可圈可点的故事牵出地面，公之于众。

◆ 历史沿革 ◆

1864 年，汉口兴筑城垣之前，江岸大多水波相连、渔船点点。少数渔民、菜农和手工业者在鸭蛋壳（今亚单角）、陈家湖、何家墩、丹水池、堤角等几处稍高之地居住。后来，俄国茶商来了，他们贪恋羊楼洞的砖茶，为经营羊楼洞砖茶出口业务，在今花桥、珞珈山路等地居住。彼时，江岸尚未有街市形成。

1861 年，汉口来了高鼻深眼的英国人，他们胁迫清政府在江岸划定租界。35 年后，沿江依次出现俄、法、德、日四国租界。五国在汉租界均设有领事馆、工部局和巡捕房。五国租界的划定，让近代洋行、银行、工厂相继进入江岸。至 20 世纪初，已有怡和、太古、阜昌、美孚、三菱等 120 余家洋行，有汇丰、花旗、麦加利、德华、正金等 28 家银行，有和记、隆茂、美最时、平和、三井等 13 家工厂。武汉关以下，沿江洋码头毗连，上上下下的码头工人，把茶叶、蛋品、桐油、牛皮、芝麻、生漆、生丝、油脂、棉花、猪鬃、烟草等产品，运上川流不息的各国商船，同时又把各国商船倾销的货品，如洋布、洋油（煤油）、洋烟、洋火（火柴）、鸦片、吗啡等运上岸边的货栈、仓库。汉口租界因而和上海、天津租界并称为中国三大租界。

随着工商业的发展和来汉定居的洋人不断增多，租界内陆续出现教会、医院、学校、墓地。由于租界面积有限，五国均通过各种方式，以贱买或强租等手段扩展租界。英商在租界外兴建怡和村别墅群，铺筑渣甸、杜韦利等

道路；由英商提议，五国当局和比利时共同兴建西商跑马场；德商在租界外建立德国球场，辟出通往球场的道路；日本更是在租界外建军营、办学校、辟公园、修墓地。京汉铁路的修筑、张公堤的筑成，使得滑坡街、福建街、陈家湖、球场街、鸭蛋壳（今亚单角）等地，短时间内聚居了大量的装卸工人、铁路工人、人力车夫、小商小贩和各类依托码头、铁路谋生的人群。租界内外人声鼎沸，江岸城区由是形成。

◆ 行政区划 ◆

江岸最早的行政管辖机构是大智坊，早期大智坊的辖区主要在今江汉区。1907 年汉口城垣拆除后，大智坊的管辖范围才沿京汉铁路扩展至华清街一带。20 世纪 20 年代中期，繁盛的华清街一带划为第四区。从汉口开埠设立英租界到抗战胜利收回日租界，五国租界尽在江岸。1945 年，汉口市政府在江岸设立云樵、中山、大智、汉景、和平、复兴 6 个行政区。解放后，市人民政府又在江岸设第四、第五两个行政区。

1952 年 6 月，第四区改称江岸区，下辖江汉路以北、长江西岸、黄孝河南段的惠济路、黑泥湖路至堤角以南地区。辖区有上海、南京、一元、大智、车站、三阳、四维、沈阳、永清、球场、安静、西马、劳动、黄浦、福建、新村、丹水池 17 条街，1954 年改称人民政府街办事处。1958 年打破街办事处设置，改设先锋、五一、七一、红旗、劳动、扬子、二七 7 个人民公社分社。1962 年恢复 17 条街人民政府办事处。“文化大革命”期间，改称二七区革命委员会，下设先锋、上海、一元、车站、朝阳、永清、向东、长征、劳动、抗大、二七、新村、丹水池共 13 个街道革命委员会。1968 年 7 月，成立江岸区革命委员会。

1980 年，恢复江岸区人民政府，下设 12 个街道办事处，削减了 1952

年设置的南京、三阳、沈阳、黄浦、福建5条街。1985年，洪山区后湖乡、谌家矶乡、岱山街办事处及唐家墩街办事处划入江岸。1986年和1988年，先后增设鄂城墩街、花桥街办事处。2017年，江岸有大智、一元、车站、四唯、永清、球场、西马、台北、劳动、花桥、二七、徐州新村、丹水池、后湖、谌家矶、塔子湖共16个街道办事处和百步亭花园社区管理委员会。至2024年，徐州新村改称新村，百步亭花园社区改称百步亭社区，唯谌家矶划归长江新城。此时的江岸区东南临长江，与武昌、青山和洪山区隔江相望；西南以江汉路、三眼桥路一线为界，与江汉区毗连；西北至张公堤与东西湖区为邻；北以朱家河、二道桥至汉北河为界，与黄陂区接壤。

◆ 政治中心 ◆

武昌首义后，汉口军政分府设在江岸。

从第一次国共合作开始，江岸一直具有政治中心的地位。1926年9月，北伐军占领汉口后，前敌总指挥部设于江岸华商总会。这一时期，中共中央领导机构迁汉，中共重要领导人瞿秋白、陈独秀相继来到武汉。刘少奇、苏兆征、李富春、李立三、周恩来、董必武、李维汉、向忠发、向警予、张爱萍和宋庆龄等均在江岸领导过革命运动。陈独秀住四民街（今胜利街）61号，瞿秋白、李富春住辅义里12号，刘少奇、李立三住尚德里4号，向警予先后住过尚德里3号、三德里96号，宋庆龄、周恩来、邓小平、李维汉住天津路12号，共产国际代表鲍罗廷住一元路2号。当时的中华全国总工会，湖北省总工会设在友益街，共青团中央设在黎黄陂路54号。由董必武主持的《民国日报》社设在今泰宁街。

1937年，中共八路军武汉办事处和国民革命军陆军新编第四军（暨新四军）武汉办事

处分别设在原大和街（今胜利街）24 号和 26 号。抗战胜利后，国民党第六战区司令长官司令部驻球场街尚智中学。武汉沦陷时期，日军司令部曾设在长春街附近。

解放前夕，中共武汉市委在珞珈山街 12 号秘密办公。1949 年 5 月 22 日，武汉市军事管制委员会在洞庭街 111 号办公，这是人民政府建政初期实行军事管制时期的权力机关，统一领导全市政治、经济、军事、文化等各方面工作。6 月 2 日，中国人民解放军第四野战军兼华中军区机关进驻黄浦路，下辖河南、湖北、江西三个军区。同日，武汉市人民政府公安总局在一元路成立，统辖三镇警务。1950 年 2 月，中南公安部在球场路成立，1953 年改称中南公安局。1950 年，中南水利部在汉口复兴街 77 号办公。中共中央中南局设在惠济路 46 号，中南军政委员会设在四唯路 11 号，中共武汉市委机关设在黎黄陂路 23 号、25 号，中央部委交通部、水利部派出机构设在区内。

中国人民解放军总后基地指挥部设在永清路。今天，武汉市委机关驻解放公园路，市政府驻一元路，市人大、市政协分驻江岸沿江大道，四大政府首脑机关均设在江岸。原中共武汉市委机关所在的黎黄陂路 23 号、25 号，曾长期是江岸区政府机关所在地。今江岸区政府机关迁至兴业路 145 号，原址转给三峡集团办公。

◆ 交通优势 ◆

江岸依水而立，因水而兴，江岸铁路、港口运输和机械制造等产业大量聚集。清末，江岸既是中国第一个水陆交通大动脉的枢纽，也是助推“大汉口”不可缺少的组成部分。

晚清时期，京汉铁路便把汉口与北京之间的各个城市联系起来，大智门火车站是京汉铁路南段的中心大站，江岸车站是京汉铁路南端的重要编组站。1936 年粤汉铁路通车，1937 年，火车开始在江岸刘家庙至徐家棚之间摆渡过江。这是前所未有的创举，通过码头联运，把京汉铁路、粤汉铁路与长江、汉江航运联系起来，进一步扩大了九省通衢的内涵。1958 年 10 月，“一桥飞架南北，天堑变通途”后，铁路轮渡才停航。武汉港的国际航运也非常发达，在长达 12.44 千米的沿江一线，有 144 座码头通往世界各地。

武汉最早的轮渡公司创办于 1915 年 ，轮渡码头分别设在今合作路和武昌蛇山矶头下游约 700 米处。轮渡的开航，方便了武昌、汉口两地居民的往来。1936 年，汉口兰陵路军用码头改为民用汽车渡江码头。三镇的人们，惊讶地看着运载大客车或小轿车的汽车坐船行驶在江中。武汉长江大桥通车后，汽车渡江才完成历史使命。

武汉最早的民用机场出现于 1930 年，这年由交通部和中国航空公司共同协议，设立汉口航空事务所，并在江岸分金炉江面开辟水上机场，供中国、欧亚两家航空公司的飞机起降之用。行驶在武

长江二桥

汉马路上的第一辆汽车，是英国驻汉口领事馆的美国福特牌小汽车。

20 世纪 60 年代后，江岸车站成为供应港澳的“751”快运列车的始发站。80 年代后，新的交通网络迅速形成，江岸车站又成为国际联运、国际集装箱运输、陆海联运的大站。90 年代初，武汉轮渡船只增多，船型增大，其中部分船只单船载客量可达 1500 人，成为国内同行业单船载客量最大的渡轮。武汉市首条高等级公路岱黄公路，把汉口与黄陂联系起来，汉施公路把汉口与新洲联系起来。武汉港长途汽车客运站、新荣客运站的建立，黄浦客货运输市场、丹水池货运市场、竹叶山货运市场的创办，让江岸的客、货流辐射到粤、苏、湘、沪、宁、浙等地。

江岸地势优越，距阳逻深水良港 15 公里，距天河机场 25 公里，与京港澳、沪蓉高速公路连通方便，加之横空出世的“三桥二隧”（长江二桥、二七长江大桥、天兴洲长江大桥，长江隧道、武汉首条地铁公路过江隧道），以及已建的 1、2、3 号线等 7 条轨道交通站点，江岸形成了快速通畅的“水陆空”立体交通体系。

◆ 工商繁荣 ◆

汉口开埠后，英租界及沿江一带成为外国银行、洋行、工厂争相抢滩的重要区域。“欧风美雨”扑面而来，租界中充满异国情调。英、德、俄、法、美、日、比利时等国的银行相继进入汉口，外国银行实力雄厚，融资量巨大，金融活动频繁，洋行凭借资金、技术优势，利用汉口周边地区的廉价原料和劳动力，先后开办了砖茶、蛋品、棉花打包、卷烟、榨油、皮革加工、面粉加工等一批以农副产品为原料的出口加工厂，它们成为汉口工业生产的垄断力量，对经济有着举足轻重的作用。与此同时，江岸机厂、谌家矶造纸厂等中国官办企业和扬子机器厂、燮昌火柴厂等民营企业也迅速发展。这些企业中的工人及码头工人、人力车夫等，构成了武汉地区最早的产业工人队伍。

京汉铁路沿线、五国租界及沿江一带，也出现了大量从事外贸加工的行业作坊以及为城市生活服务的各类店铺。至抗日战争前，已有宝华洗染厂、茂记皮鞋店、祥康服装店、白海记成衣店、长生堂理发店、老通城酒楼、筱陶园、邦可西点店、启新照相馆等一批知名企业和知名品牌。

第一次世界大战、俄国十月革命及武汉沦陷期间，都有外国资本撤离。日军占领武汉期间，强取豪夺，将工商经济破坏殆尽。抗战胜利后，国民政府没收敌伪财产，国民政府的中央、中国、交通、农民四行均设在江岸。战后外资重新返回，美货涌入市场，工商业都有所恢复，但全面内战爆发，使工商业再遭重创。

武汉解放后，人民政府把恢复和发展经济作为重要工作。20 世纪 50 年代初，江岸成为经京汉铁路与苏联、东欧贸易的重要枢纽。“一五”计划期间（1953—1957 年），国家投资的大型肉类联合加工企业武汉肉类联合加工厂在堤角落户，成为当时武汉地区对外经济合作的重要项目之一。

改革开放以后，全区以经济建设为中心工作。几十年间，广泛利用外商直接投资兴办合作、合资企业，引进技术和人才，三峡集团等大批国内大型企业先后在区内落户，堤角工业园、黄浦民营科技园等一批工业园区也先后开发。同时，江岸对全区个体、私营企业放宽经营范围，实施优惠政策，终成“经济强区”。作为全市唯一的“股份制试点区”，“十强街道”“十强企业”及汉货精品不断涌现，先后出现了江汉路商业一条街和保成路电子商品市场、竹叶山钢材市场、大智路华中通讯广场、香港路茶叶副食品市场等一批专业市场，老通城、筱桃园等百年老店也得到恢复和新生。

经济是什么？是吃饭穿衣。经济繁荣是什么？是丰衣足食。改革开放后的工商业繁荣，让人民生活如芝麻开花节节高。

目录

江岸叠浪纹青史
百湖明眸瞰千年

1 湖泊之域

江岸河流交错、湖泊众多，碧绿的湖水、河流、沼泽和墩子占据了大部分区域。曾经的后湖还留有西湖、南湖、陈家湖（已湮没）、黑泥湖（已湮没）、鲩子湖、花桥、塔子湖、玻璃凼子、大赛湖等湖泊的痕迹，这些湖泊起着沟通黄孝河、府河和长江的作用。由此可知，江岸是浩荡的碧波浸润出来的一片沃土。

后湖

“后湖”曾经是“平畴旷野，弥望无垠”的宽广水域，晚清的后湖“距黄陂孝感境三十余里，东西数十里”，今江岸后湖乡，所占位置只是后湖一角。200多年前，后湖东北起岱家山，西北至东西湖柏泉，由北至西包绕着汉口镇。

后湖是如何形成的呢？明成化初，汉水主河道改走龟山北麓，襄河渐淤成陆，形成若干湖泊和洼地，是为后湖。后湖是“废襄河旧地”，襄河曾是汉水入江的主河道。后湖有个特点，夏秋水涨，称潇湘湖；春涸草生，名黄花地。有人写诗形容后湖美景：“淤后襄河二百年，平芜十里望茫然。白云有影常垂地，青草无依欲上天。”后湖居民择“墩”（即高地）筑室而居，以防水患。如唐家墩、鄂城墩、余家墩、

张公堤森林公园

周家墩、傅家墩等，就是当年的后湖高地。

夏秋时节，潇湘湖成“茫茫泽国，野水连天”的“巨浸”（大湖），正好消暑纳凉。每每烈日西垂，湖上“水汛成波，墩浮入镜；击鼓渊渊，龙舟竞渡”，非常热闹。二三月间，则满地黄花，如“一片黄云，斜阳灿色，真如七宝庄严，布金满地”。一首《后湖柳枝词》道尽黄花美：“马蹄蹋蹋曲尘生，踠地鹅黄画不成。十里花飞湖上路，东风野馆自清明。”由于此景“惟汉上有之，他处所罕见也”，因而后湖成为汉口人的后花园。每逢春暖花开，后湖一带播种的大片红花草籽（称雁儿红）盛开，成片成片的红花和田野嫩绿的青草，编织出卓然天成的郊野风光。赴后湖之路上便“车如流水马如龙，未怕春寒料峭风。相约潇湘湖上去，蹋青先看燕儿红”，冬日的后湖，“水涸沙平，草衰霜陨”，游目骋怀，也别有情趣。

汉口是商业巨镇，“本乡人少异乡多”，客旅汉上的商人，更需要消闲娱乐之地。后湖景色诱人，又距市区不远，成为娱乐的首选之地。于是一些茶肆便应运而生，如涌金泉、第五泉、翠乡、惠芳等，这些茶肆历史悠久且具文化特色。如第五泉的主人李叟酷嗜书画，藏有明清书画家的真迹，“时悬于茶室之傍”。《汉口丛谈》作者范锴常和友人黄谷原去第五泉品茗消闲，黄谷原曾写诗：“散步不知远，频来第五泉。品茶贪野趣，诗画忆高贤。”范锴也留有“世情之冷暖，在人不在我；春光之有无，在我不在人”这样的佳句，真真具有极高的文化境界。可见当时的后湖，也是文人学士们寄托思想情感的地方。

1905 年后湖堤（即张公堤）建成后，旷野之地渐成良田。又有诗人赞曰：“城外楼船路本通，汪涵万顷镜波中。于今遍是膏腴地，成就盘龙作富翁。”其实，后湖并没有完全成为“膏腴地”，今鲩子湖、西北湖及后湖乡内的小湖泊皆是后湖遗存。后湖的大部分地区，已经成为高楼林立、人烟密集的市区了。

其他湖泊

鲩子湖 1915 年，地产商刘祥开设填土公司，雇佣大批河南民工在铁路外取土，以填平市区洼地，取土之处于是形成大片洼地。1931 年，武汉大水，洼地水满，演变为湖泊，如鲩子湖。该湖邻台北路、台北二路和高雄路，水域保护面积为 10.22 公顷，岸线长度 2.1 千米，水深 1.2 ~ 1.6 米。因盛产野生鲩鱼（草鱼）得名，曾谐音罐子湖，后成为城市调蓄湖塘。

20 世纪 80 年代，鲩子湖周边的道路皆以台湾城市命名，此湖便规划建为宝岛公园，公园植有美人蕉、梭鱼草、荷花、黄花鸢尾等挺水植物；植有睡莲等浮叶植物和竹叶眼子菜、苦草等沉水植物，湖中鱼虾每年都吸引野鸟飞来栖息。比较有特点的是湖心小岛，岛上建有龙虎塔、纪念堂、女王头、安平古堡等具有台湾特色的景点，有两座汉白玉石桥与小岛相连。江岸区老年活动中心设在园内湖畔。公园的三个大门分别称为高雄、花莲和台北门，均仿台湾民居风格。江岸区老年活动中心就在风景如画的公园内。

长湖、黑泥湖 在铁路西侧，是兴建卢汉铁路时取土筑路基形成的条形人工湖。长湖边有大片沼泽地，张公堤筑成后逐渐涸出，形成居民区，泛称长湖地。长湖西边也有大片因汛期江河水倒灌形成的湖淌沼泽，原称西汉湖，因湖中土壤呈青黑色，故俗称黑泥湖。黑泥湖大片区域在原黄孝河与幸福河交汇地带的后湖乡江岸。清末，沼泽逐渐干涸，渐有人居住，仍称黑泥湖，也称刘家庙。在此修建的道路称黑泥湖路，1967 年改称二七路。今二七路、二七北路、二七小路等一带皆为原黑泥湖区域。

塔子湖 原为天然湖泊，洪水时与东西湖、长江连成一片。后因张公堤的修建，塔子湖和东西湖被分隔开来。今湖岸线北至张公堤，西至新华下路，水域面积0.319平方公里，岸线长度3.3公里，平均水深1.7米，是汉口最大的城中湖。据说，民国年间，此湖属大财主刘枪的个人私产，因湖岸边有夏姓人家的村庄夏家塔，故得名塔子湖。1958年前湖泊属塔子湖乡，1958年后属国营汉口渔场管理，主要用于水产养殖。1988年10月，武汉市首座垃圾处理场在塔子湖投入试运转，1993年又在塔子湖建成中国第一家国家级水生野生动物公园“新世界水族公园”，武汉四大体育中心之一的塔子湖体育中心就设在塔子湖社区内。

塔子湖

黄孝河

黄孝河是古汉口镇西北襄河故道（即后湖）的沼泽、湖汊地带的一条河道，也称老河。明清时，老河河宽水清，有三条支流在汉口庙墩汇集，形成干流，向东北方向入府河出长江。由于老河连应马湖、牛湖，可通黄陂、入孝感，故黄陂、孝感一带商船都经老河来汉经商，在集家咀以下江边停靠，故称为黄孝河。

1635年，汉阳府通判袁焻主持修建长堤后，来往商船便在堤外沿河自选岸头。黄孝商船云集于此，集市贸易颇为繁盛。沿老河来的黄陂船帮、客商多落脚于今王家巷以下河岸边，逐渐形成黄陂街。

1861年以后，西方列强逐渐控制长江码头，黄陂、孝感商船便经十八淌大赛湖转向三眼桥、查家墩湖，过单洞门直达土垱湖埠头（今

统一街处）上岸。土垱湖埠头处，曾经船只相连，生意兴隆。今文书巷口曾经是黄孝河至夏口县的闸口，俗称水栅。文书巷之所以得名，皆因其曾是夏口县衙门传送文书至黄孝河北的必经之地。

1905 年张公堤建成后，岱家山黄孝河口也修建了排水闸，每年汛期关闸防汛，平时开闸引河水入江，这里便成为排水渠道。加之京汉铁路建成通车，黄孝河水运遂告中断。1907 年，汉口城垣被拆除，并修筑了后城马路（今中山大道），土垱湖、查家墩湖至三眼桥的故道逐渐被填平，扩为市区范围。1931 年汉口大水后，为降低北湖一带水位，恢复垦殖用地，便在北湖至三眼桥之间疏浚形成鲩子湖新河，这就是今天人们熟知的黄孝河上游段。

晚清时期，河上建有东、西板子桥和三眼桥。《夏口县志》中记载，建三眼桥之地，地势低洼，筑桥前先修筑了高丈余的路堤，以便让桥“留三孔以通舟楫”。1932 年，又在今惠济一路、二路的黄孝河壕沟上建成惠济一、二桥，这是武汉市有文献记载的最早的钢筋混凝土结构梁板桥。除此之外，黄孝河上还曾经有花栏木桥，俗称花桥。1965 年 10 月，又重建三孔钢筋混凝土板桥，沿用花桥之名。1986 年治理黄孝河时，上述桥梁全部被拆除，但桥梁名称均演变成地名，成为追寻黄孝河历史的特殊纪念。

黄孝河

张公堤建成后，后湖湖塘河汉渐变成陆地，汉口城区始向北拓展，黄孝河两岸人声渐趋鼎沸，大量工业废水和民用污水未经处理排入河道，加之黄孝河地势南高北低，西高东低，河床自然坡降很小，12.4公里的河道自然落差仅有1米左右，故而流速缓慢，淤泥逐年加厚，加上周边湖泊大量被填埋，失去调蓄功能，渐成“害河”。由于汉口地面低于江河汛期水位2 ~ 6米，平日全赖堤防保护。每逢暴雨，河水上涨，顶托两岸下水道，造成汉口城区大面积渍水，故而有民谣：“武汉有条黄孝河，祸水滚滚臭气恶。逢雨泛滥真作孽，黑龙何时能消灭？”1958年，市人民委员会开始治理黄孝河，进行第一次清淤，增强黄孝河排水排污功能。

1983年7月，特大暴雨袭击武汉，城区渍水十分严重，内涝成为突出的环境问题。10月，市政府成立治理黄孝河工程指挥部，按照“先支流、后干流、先上游、后下游”的施工程序，开始“根治”黄孝河。1984年5月24日，国家主席李先念为这一造福于民的市政工程题词：“一定要把武汉的治河除害工作搞好，为子孙后代造福。”在这场武汉最大的市政工程中，武汉人民众志成城，到1989年6月，正式建成长12.4公里的地下箱涵，在汉口城区的地下形成一个巨大的“L”形排水体系。1990年，黄孝河从武汉的城市版图中消失，黄孝河上游5公里长的河道上，是宽阔的建设大道和黄孝河路路面。

岱家山

岱家山在汉口城区东北部，方圆200米，海拔37.1米，为江岸地区最高点。据《武汉地名志》记载，三国时蜀国刘备的战将曾在山下坠马，脱下蹬甲晾晒于山上，山遂得名晒甲山。又据《汉阳县志》载，此山间曾居有鹤发童颜的长寿老人，自称姓戴，善测天候，能预言风雨，乡人也称此山为戴家山，今称岱家山。

岱家山是在平原和诸多沼泽中突起的小山，恰到好处地落在北衔中原的咽喉要道上，成为天赐的军事要隘和兵家必争之地。辛亥革命

时，南下清军于1911年10月24日抢先占据岱家山，居高临下炮击民军，致民军伤亡惨重。20世纪20年代，直系军阀吴佩孚在汉口就任“讨贼联军总司令”，司令部设在查家墩。其间，吴佩孚两度到岱家山布置军事防守事宜，下令在山上修筑碉堡，开此山修筑碉堡之先河。1933年，叶蓬任武汉警备旅旅长兼武汉警备司令时，在山上修筑三层椭圆形碉堡“警备汉口区蓬字守望台”，为山间最大碉堡。

吴佩孚

1938年6月，武汉会战开始，国民党第13师师长方靖奉命守汉口，在谌家矶至黄陂间构筑防御工事，在岱家山抢修一批碉堡。9月17日，蒋介石在汉口召见方靖，专门询问13师军事部署及工事构筑情况，看到方靖展示的布防图后，蒋介石认为工事构筑缺乏纵深配备，一旦岱家山失守，日军就可以长驱直入。方靖遂沿张公堤沿线又抢修8座碉堡。日军逼近汉口时，其军机疯狂向岱家山投弹并密集炮击，国民党军队不敌，在张公堤沿线碉堡的掩护下，开始撤退。

岱家山的碉堡

日军攻占汉口后，派重兵驻守蓬字守望台，以此为日军指挥部。其间，日军也在山上修建过一批小型碉堡。日本空军还在山顶设立过导航站，建起一座31米高的大灯塔，两边架起笼形天线。抗战胜利后，国民党武汉警备总司令郭忏接管岱家山。为把守汉口，郭忏下令切断通往该山的所有小道，在山体周围又修建了一批碉堡、暗堡和战壕。

长期不断的修筑，在山上山下造就了偌大的碉堡群，至今仍散落在山间，后来村民修建的民房也穿插在碉堡间。2000 年左右，一农户将牛拴到路边吃草，后来牛掉进一暗堡中，无法拉出来。村里的十几个壮汉前来帮忙，也没有结果。农户很着急，这时，有年长村民说：听老人们说，这里所有的碉堡都是连通的，肯定可以找到出口。农户得到点拨后，就跳进暗堡，牵着牛，走向暗堡的通道，半个小时后，就从一座与路面平行的碉堡中钻了出来。由此可见，岱家山碉堡的密集程度。

1949 年 5 月 15 日，中国人民解放军第四野战军 12 兵团司令肖劲光，命 40 军 118 师作为先头部队从黄陂进入岱家山待命。5 月 16 日下午，118 师进入汉口市区，受到汉口人民的热烈欢迎。

湾环马路亘西东

德法英俄大略同

2 五国租界

清代的中国，长期实行闭关锁国政策，以泱泱大国自居。经过第一次、第二次鸦片战争后，腐朽的清政府才恍然，只能签订各种丧权辱国的条约。1861 年 6 月，汉口江边埋下了英国租界碑。此后，德、俄、法、日相继在汉口开辟租界。凭借不平等条约的庇护，西方列强在租界实行独立的市政、税收、警务管理，排斥中国政府的行政管辖，还不断蚕食周边土地，扩展“租界外的租界”。

英租界

第二次鸦片战争结束后，清政府于1858年与英国签订《天津条约》，规定英国人可到中国内陆游历、通商、传教，在通商口岸租地盖屋、设立栈房、教堂、医院、坟墓时，须按民价照给，公平定议，不得互相“勒啃”。条约明确规定，英国可在汉口等口岸增设领事馆，但因清军与太平军正在长江中下游激战，双方约定待战事平息之后，再作商讨。

但英国政府并未遵守此约，11月8日便与清政府签订《通商章程善后条约》。签约当日，英国特使额尔金和海军舰长华约翰便率英兵百余人，分乘五艘军舰由上海驶往汉口，沿途勘测航道、水文、气象，制作精确的水线图。经过近一个月的勘测，于12月5—6日分别抵达汉口。在上海海关税务司的陪同下，额尔金会见了湖广总督官文，选定了汉口、九江、镇江为长江流域对英通商口岸。

在长江沿岸的勘察活动，让英国人看到更多更大的利益。于是，英、法联手再次诉诸武力，迫使清政府派恭亲王奕䜣在1860年10月24日和25日，分别与英、法两国全权代表在北京交换《天津条约》批准书，并签订《续增条约》（即《北京条约》）。

《续增条约》重申了《天津条约》中英、法两国在华权益，根据这两个条约，英、法两国商人可在汉口自由通商贸易。1861年3月7日，英商上海宝顺洋行行主韦伯、英国官员威司利、通事杨光让及随员45人乘英国轮船到达汉口，会见官文，要求通商，并在汉口委托都司李大桂代觅栈房一处，每年议给房主租金四百两。3月11日，英国驻华海军司令贺布、驻华使馆参赞巴夏礼率领水兵舰队到达汉口。

3月20日，巴夏礼、贺布等人会同汉阳知府刘齐衔、汉阳知县黎道钧，划定租界范围，从花楼巷江边往东8丈起，至甘露寺江边卡

英租界

东角止，长 250 丈，深 10 丈，总计 458.28 亩。巴夏礼之所以把租界选在旧城区下首人烟稀少、地势开阔的滨江地段，是为了便于开拓街道、营造高楼，依靠长江黄金水道发展航运和商贸。双方商定，每年 4 月由英国领事官将应缴地丁银、漕米银九十二两六钱七分二厘一毫交汉阳县查收。宝顺洋行行主韦伯等人 3 月从上海来汉租一栈房，须付租金四百两，巴夏礼“永租”458 亩土地，每年只交九十二两租金，英国“勒啃”大清不遗余力，湖广总督官文无才无能，也由此体现得淋漓尽致。

21 日，巴夏礼又与湖北布政使唐训方订立《汉口租界条款》，规定租界内一切事宜，均与清政府无关，“不准民人在租界内再造房屋、棚寮等”。之后，英当局着手清查租界内“民房铺户地基”，开始把中国人清理出去。继英之后，德、俄、法三国也在汉口开辟租界，都以“照别国章程”为由清理中国人，并拒绝中国人在租界居住。

3 月 22 日，巴夏礼马不停蹄赶赴黄州，会见太平军英王陈玉成，告知对方汉口租界之事，警告太平军“必须远离”已划定的汉口英租界，以免损害他们的利益。

4 月 27 日，英国驻上海领事单方面公布《长江各口通商暂订章程》，将“汉口、九江辟为商埠，设置领事”。当月，英国驻汉领事金执尔到汉，在江边设置英国领事馆，这是汉口的第一个外国领事馆。1898

年，英当局再次迫使清政府与之签订《英国汉口新增租地条款》，使其汉口租界总面积增至 795 亩。之后，英工部局又和刘歆生协商，将今扬子街一带划入英租界。

1927 年 2 月 19 日，中英签署协定，英国将汉口英租界交还中国。3 月 15 日，国民政府成立汉口第三特别区，由国民政府外交部管辖。

德租界

1895 年，清政府在甲午战争中惨败。战后，日本强占辽东半岛。俄国、德国和法国担心日本在中国的势力太大，会影响自己的利益，遂联手向日本施压，迫使日本放弃永久占领辽东半岛的企图。然后，三国以干涉还辽有功，向清政府提出一系列要求。

德国驻华公使首先向清政府提出在天津、汉口辟租界的要求，德公使还说：英、法在中国都辟有租界，唯独德国没有，德国人只能散居在英、法租界内。中德“商务日广”，故德国人“日夕盼”有本国租界。所以，清政府应允许德国“在相宜口岸商划租界”。湖广总督张之洞对此的想法是：如果德国人要的地段不妨碍民居，可以满足他们。但不能允许他们购买土地，与他们订条约时必须写“永远租契”，且城内不宜再划租界。

1895 年 10 月 3 日，湖北汉黄德道兼江汉关税务监督瞿廷韶与德领事签订《汉口租界合同》。遵张之洞之意，德租界划在汉口堡外，范围在“通济门外，自沿江官地起至李家冢止，计长三百丈，深一百二十丈”，共 600 亩土地，即西南抵今一元路，北抵六合路，东南抵长江边，西北抵中山大道一带。这片区域内散居的少量中国人，每年向清政府“纳钱粮共银一百二十一两三钱二分”，德国人便以此数额定下租金标准，每年 4 月送交汉阳县府。这种“勒啃”清政府的行为也被后来的租界沿用。

德租界

通济门外官地是用来保卫城垣的，向来不允许建民房，也不能有坟头。但德、英当局以租界间往来经过通济门不方便为由，要求辟码头，“汉阳知县勘察后”，居然同意德国在江边城垣区建造码头。张之洞以为这是展现大清“怀柔之意”的举动，却不料成为后来德国不断要求扩界的理由。

德租界设立当年，便在今一元路和沿江大道转角处，建起二层西式砖木结构的德国领事馆。1917 年，第一次世界大战爆发后，中国与德国绝交并收回德租界，成立汉口特别区，设管理局管理。

俄租界

1896 年 4 月，俄、法两国也以干涉还辽有功为理由，要求在汉口辟租界。汉口俄租界是沙俄在中国的第一个租界。

俄国人对汉口情有独钟与茶叶有关。早在汉口开埠前，俄商就拥有在汉购买茶叶的特权。当时，湖北羊楼洞一带的砖茶最负盛名，称

为洞茶。俄国人喜欢洞茶，许多俄商便希望到汉口和两湖一带，收购茶叶或制作砖茶。英租界设立后，俄商陆续在汉口开设经销茶叶的洋行，又在羊楼洞设厂制茶。

1869年，沙俄在汉阳设领事馆。1891年，沙俄驻汉领事曾要求在汉阳梅子山一带设租界，未获成功。1893年，沙俄又私下购买梅子山的平民土地，遭到张之洞的强烈反对。俄领事购地不成，便将领事馆迁至汉口。1904年，在今洞庭街74号建成四层砖木结构的俄国总领事馆，又设巡捕房和工部局。

俄、法两国要求设立租界时，很是挑肥拣瘦，不要城外未开发的土地，要将租界设在城内。最后清政府让步，确定俄、法租界设在英租界以下的城垣内。但该决定引起英商宝顺洋行的不满，这是最早进入汉口专营红茶进出口贸易的洋行，行址在刚划定的俄租界内。几经交涉，最后经江汉关税务司穆和德出面，清政府特别允许该洋行“在英租界后面至城垣官地止”这片土地上择地租赁，新建洋行。这种瞻前不顾后的决定，也为英租界扩界埋下伏笔。

1896年6月2日，俄国与清政府订立《汉口俄租界地条约》规定：“俄、法国租界，现议在长江西岸，汉口镇英租界以下，沿江至通济门为止。计长二百八十八丈，以三分之一由俄界下至通济门城内官地为止，为法界；以三分之二由英租界下至法界为止，为俄租界。”按上述章程，俄租界上至今合作路起与英国租界相邻，下到今黎黄陂路与黄兴路之间，西枕今中山大道，东抵江边。又沿今黎黄陂路折经洞庭街下行，抵今车站路再折至沿江大道，与法租界相连，占地四百一十四亩六分五厘，年租银八十三两八钱四分二厘。这区区八十三两的租银，可恶的沙俄还觉得“特昂”，要“公平议价”。沙俄对租界内的中国人，摆出的也是强盗嘴脸：“所有华民地段，从立据画押之后，不准出售、暂租他人，只可永租俄国政府。”

五国租界中，最早明确侵犯中国司法主权的也是沙俄。他们厚颜无耻地立条款：“租界内遇有华洋商民禀控欺凌等项事故，应由租界委员会同领事及领事官所派之员审讯办理。”在俄租界内，从此俄国人可以随意践踏中国人。

俄国十月革命后，苏俄政府于1919年7月25日宣布，废除沙皇政府以侵略手段从中国夺取的所有土地。由于国民政府受到英、美、法等国的压力，只能于1920年代管俄租界，1924年7月1日方才正式收回，翌年3月1日又由湖北军务督办兼省长萧耀南再次宣布收回，次日改为汉口特区，设特区管理局管理。

法租界

早在1863年，法国便取得在汉口辟租界的特权，但法国领事看中的是商业繁盛的龙王庙一带，这一要求遭清政府拒绝。1865年，清政府提议把英租界以下城墙内的土地全部辟为法租界。当时，法国正全力建立海上霸权，妄图让法国舰队驰骋全球海域，占领安南（今越南）的海岸港口，完成“海上布局”，建立海上霸权的迫切程度显然超过了在汉口辟租界，清政府的提议便搁置下来了。

俄、法共同要求在汉口辟租界时，原准备划给法国的区域，只有1865年建的一栋法国领事馆立于此地，即今洞庭街81号。而沙俄在这片土地上已拥有两处砖茶厂，英商宝顺洋行也建于此，俄、英、比利时等国少数侨民也在此建有住房。法国失去了完整“永租”这块土地的条件，便决定和政治盟友沙俄合租这块地盘。经过讨论，俄、法两国公使达成划分这块土地的意向性协议，即把长约1公里、宽约350米的沿河马路区域的2/3让给俄国，法国占1/3的区域。此协议得到清政府总理衙门的认可。

法租界

在解决了英商宝顺洋行租有的土地不愿列入俄界的问题后，张之洞遂派瞿廷韶会同法国

驻汉口、九江通商事务领事查勘定界。6 月 2 日与法国驻上海总领事签订《汉口租界租约》，规定：沿江岸上起俄国租界（今车站路东段），下至德租界通济门止（今沿江一元路口），计长 96 丈。其南首由大路（约今洞庭街）至江岸，计深 37 丈，北首深 17 丈。在大路之内，西南自俄界（今黎黄陂路与黄兴路之间）起，东北抵城墙官地止，长 117 丈，总面积 187 亩。每年缴地丁银、漕米银共三十七两八钱一分一厘。

但条约又规定“租界之外由通济门内城墙迤东至江边，留出官地十一丈，其城墙迤西一带，留出官地五丈，作为大路之用”。这片土地不纳入租界，但大路两边，只可修建公所，不准民人搭盖棚屋。须保证大路完好，如有损坏，要及时修好。然法租界根本不受该条款约束，法当局嫌租界面积在五国中最小，故总在寻机扩界。1902 年，法租界展拓界址，越过今中山大道，在其西北距原京汉铁路 60 丈的地段内设立新界，使其总面积达 373 亩。至民国，法租界又多次越界扩展，控制面积达到 490 余亩。

法租界离京汉铁路大智门车站最近，渡江码头亦在租界江边，在五国租界中最繁荣。

1943 年，法国维希政府和中国汪伪国民政府签订协议，将法租界交给汪伪政府。1945 年抗战胜利后，国民政府正式收回法租界。

日租界

甲午战争后，中日签订《马关条约》，清政府被迫割让台湾、澎湖列岛、辽东半岛给日本，并向日本开放苏州、杭州、沙市、重庆为通商口岸，允许日商在中国内地办厂。但日本狼子野心难以满足，又以种种借口强迫清政府增辟天津、上海、厦门、汉口为专管租界，并威胁清政府，如不答应要求，便拒绝批准《通商行船条约》，拒绝从占领的威海卫撤军。

1896年7月在北京签订的《通商行船条约》，其主要内容为：日本可在各通商口岸设领事，日商可携带家属及随员在通商口岸经商、居住，可任意从事工艺及其他事业，可任意往返，随便带物，可租地建造礼拜堂、医院、房屋、坟茔等。其中的"随便带物"一条，使日租界渐成枪支、毒品、娼妓泛滥之地，成为汉口的毒瘤。《汉口竹枝词》有诗如此形容："湾环马路亘西东，德法英俄大略同。惟有东洋异风趣，酒楼歌院夜灯红。"

日本的要求太过分，清政府不想签约，双方僵持到10月19日。为了收回威海卫，清政府还是派荣禄与日本签订了《通商口岸日本租界专条》。清政府除同意日本在上海、天津、厦门、汉口等处设租界外，还承认租界管辖权专属日本领事，同时同意日本政府允许中国政府收税，但税额不能比中国臣民多的条款。这充分说明，在战争中惨败，清政府所受屈辱并不只是丧权辱国，而是方方面面都被日本所压制。

1897年12月，日本要求从德国租界起将沿江长300丈之地作为租界。张之洞认为日本人要地太大，这里已定为铁路用地，"以前"没划给德、俄、法三国，"现在"也不能划给日本。况且日商在汉数量比法商还少，法租界只有90丈，日本不能多占。不承想，12月25日，德租界当局又给张之洞照会，不同意日租界占用德租界内的一块夹地。

1898年7月，日本驻上海总领事代理到汉口办理日租界事宜，张之洞嘱咐瞿廷韶，先别和日本签约，先解决德国人要求解决的事情。思来想去，张之洞决定在那块地上选择距铁路最近的地方，增建一铁路小站，"每次往来停轮数分钟以上下人货"，德国方面"首肯

日租界

称善”。

日租界老房子

7月16日，中日签订《汉口日本专管租界款》，议定“德国租界北首起，量得东界沿长江一百丈，南界紧靠德界，东起江口，西至铁道地界为止，西界沿铁道地界；北界自东界之北端江口起西界之北端铁路地界为止画成直线”为日租界，这片土地即今南起六合路，北抵郝梦龄路，东到江边，西至中山大道一带，占地247.5亩，每年由日本领事馆向汉阳县交纳地丁银、漕米银五十两。条约中也规定，凡界内中国人的房屋土地，在与日本办理租、卖时，不得抬高价格，要“公平酌定”。在条约中还有一个无理要求：其他租界的“优处”，日本要“一体均沾”。

与其他四国租界不同的是，日租界准许富裕华民居住、经商，“无身价”的穷华民，则一律不准居住。

被日本人打怕了的清政府，与日本签订条约时极其屈辱。因为没有满足日本人要300丈的要求，竟在条约中写进“以界址过于窄狭，将来商户盈满，则当临时酌妥情形”之句。如何酌妥？就是可以在丹水池购买地基，设立工厂。如果丹水池地基被其他租界所占，则可在丹水池至沙口等地，选择租下“江岸水深与泊船相宜之地”，且一定在铁路附近。日本由此取得设立租界的最惠国待遇，且建界伊始就埋下扩界伏笔。从1906年起，日本总领事水野幸吉就不断向张之洞要求，依照前约向丹水池以下扩界，1907年2月9日，双方在江汉关签订《推广汉口租界专条》，日租界得以扩展。

1913年，在今沿江大道和山海关路交界处建起的二层砖木结构的日本领事馆，为西方古典式建筑。1938年8月13日，国民政府收回日租界，改为汉口第四特别区。1938年10月，武汉沦陷，日租界恢复。1945年抗战胜利后，国民政府再次收回日租界。

……

五国租界是西方列强在汉口建立的“国中之国”。中国人如果误入租界，会遭关押或罚款。民初著名文人罗汉有感于此，写过《汉口竹枝词》痛斥这种现象，其中《华界》一首：“鸿沟界限任安排，划出华洋两便街。莫向雷池轻越步，须防巡捕捉官差。”另一首《各国巡捕局》：“游人入境须知禁，犯例洋官要罚钱。”读来令人愤慨。在中国的土地上，五国租界实行完全独立于中国行政系统和法律制度以外的另一套统治制度。历史车轮滚滚向前，五国租界最终成为历史名词。

中俄茶叶之路

中俄茶叶之路是一条繁荣了近 200 年的商贸之路。17 世纪时，俄国已经通过晋商大量进口中国砖茶。1850 年，汉口还未开埠，俄商就已经在汉口购买茶叶。茶叶成为当时中国输出、俄国输入的最大宗货物。

1861 年，英租界开辟后，英、俄两国茶商在汉口激烈竞争，茶叶出口量迅速增加。1862 年，俄国与清政府签订《中俄陆路通商章程》，取得了在茶区直接采购加工茶叶和通商天津的权利，从而打通了汉口至天津，再至海参崴的水路，这条水陆联运的茶叶之路，源头就在江岸。

1871 年，俄国探险家普尔热瓦尔斯基从边境贸易口岸恰克图经库伦、张家口到北京，他在旅行记录中写道：“整个库伦城和蒙古，流通最广的等价交换物是砖茶，常被分割成小块用于交易，一只羊合 12 ~ 15 块砖茶，一峰骆驼合 120 块 ~ 150 块砖茶，一只中国烟斗值 2 ~ 5 块。老百姓常常背上一口袋砖茶甚至拉上一整车上集市交易购物，卢布与中国银两都不及砖茶。”可见，砖茶已经替代了货币进行贸易。这些茶出自何处呢？这位探险家说：“位于扬子江下游的汉口周围的种植园是这些茶叶的主要产地。”所以，无论是恰克图，还是库伦、张家口以及万里茶道上所有的城市，其商贸繁荣史，离开汉口是没法书写的。

因为汉口出口的茶叶数量巨大，获得了“茶叶港”的美称。之所以称汉口为茶叶“港”，是因为当时的茶叶运输皆依赖水路。当年留存的老照片中，便有盘着辫子的脚夫扛着茶叶箱，排队走向江中停泊的商船。

俄商初到汉口时，无法与实力强大的英商竞争，便直接进入鄂茶产地羊楼洞一带。从1863—1873年，俄商先后在羊楼司、羊楼洞开设顺丰、新泰、阜昌茶厂。为与英商争夺茶源，即使在产地，俄商也以比英商高的价格收购茶叶，并就地加工成砖茶，再运至汉口，交俄商洋行转口出售。

1874年，俄商又将三座茶厂先后迁到英租界下首的江滩边，1893年，又在上海路口开设柏昌砖茶厂。新的工厂采用先进的蒸汽机和水压机替代人工压制砖茶，提高了砖茶的产量和利润。俄商茶厂是武汉的第一批近代工厂，他们雇佣的数千工人是武汉最早的近代产业工人。

1896年6月，根据《汉口俄租界地条约》，俄国终于在汉口辟出租界。茶叶的巨大利润，让大批俄国茶商进入中国，从事茶叶贸易工作，“茶叶之路”进入极盛时期。

1917年俄国十月革命后，茶叶贸易日趋衰落，除新泰茶厂为英商接办，

茶馆里的市民

易名太平洋砖茶厂外，其他俄商茶厂相继关停。俄商独占汉口茶市半个多世纪的局面结束了，但俄国人忘不了茶叶之路，他们在恰克图建立茶叶博物馆，并辟出一条“茶叶之路旅游线”。国内这些年关于茶叶之路的研究也方兴未艾。

这条国际商道的历史，不会随着岁月的风尘而湮没。

东方芝加哥的建筑风情

五国租界辟出后，租界内沿江干道外侧辟有码头停泊趸船，干道内侧沿江大道等主干、支干道边，先后建立起许多高层建筑和仓库。1908 年，日本驻汉总领事水野幸吉撰著的《汉口——中央支那事情》在上海出版。他在书中写道：“与武昌、汉阳鼎立之汉口者，贸易年额一亿三千万两，夙超天津，近凌广东，今也位于清国要港之二，将近而摩上海之垒，使观察者艳称为东洋之芝加哥。”从此，汉口有了“东方芝加哥”的美誉。

20 世纪初，西方资产阶级尚处于上升时期，他们厌恶封建贵族们在建筑装饰上的矫揉造作，于是，兴建西方古典主义风格的建筑遂成为建筑界的潮流。此时租界建设方兴未艾，正是建筑师们实现理想的地方。带有西方古典风格的银行、洋行、仓库、住宅、影剧院等建筑，如雨后春笋般出现，沿江大道成为这种风格建筑的集中地。仅举几例：

汇丰银行是西方古典主义的典范建筑，也是汉口最早的钢筋混凝土建筑。1913—1917 年建成三层混合结构的附楼，1914—1920 年建成四层钢筋混凝土结构的主楼。附楼由英国派纳工程师设计，主楼由上海公和洋行设计。除灰砂石以外，大楼所用水电、门窗、锅炉、供暖、库门、电梯、浴室等设备，全部由派纳洋行负责进口并安装。大楼立面造型平稳，基座、房身、屋檐采用上下三段构图，左右则五段

划分，比例严谨；外墙麻石砌筑到顶，正面 10 根爱奥尼克大柱均为麻石拼接，显得坚固威严；内廊镶大理石墙裙，装饰精美。总建筑面积 10244 平方米，占地 3591 平方米，造价约为 150 万银圆。

1902 年兴建的三层华俄道胜银行，为钢混结构，大楼装饰较为简单，但通过窗饰造型变化，整座建筑显得端庄典雅又活泼明快，是兼具俄罗斯和现代化风格的古典主义建筑。同年兴建的二层砖木结构的法国东方汇理银行，是洛可可风格的行舍。三段构图，半圆砖券拱门窗和半圆形砖雕柱，与精美的砖雕柱头配合，使之有雍容华贵之美。该建筑与对面的美国领事馆共同构成沿江大道的风景线。

1905 年建成的美国领事馆，是红砖巴洛克式建筑，造型典雅，临江主立面呈阶梯状层叠向上，分为三层，每层的连续半圆拱券窗门，线条优美，具有流动感，外廊式风格让建筑的层次更为突出，转角的四层八角塔宛如欧洲中世纪的城堡。整个建筑具有浓郁的殖民地外廊式建筑色彩。

1906 年建成的德国领事馆，红瓦坡顶，色彩绚丽，是一幢二层砖木混合结构的殖民地式建筑。大楼外墙拉毛，周边为双层卷廊，入口处及屋顶塔

汉口租界建筑

楼均有德国风味。德租界的居民小宅，屋顶错搭有致，局部有高尖顶，造型活泼，也是德国民居特点。

1921 年兴建的日本横滨正金银行，是现代风格的古典主义建筑。主入口在两条道路的交会处，两侧的巨型双柱改善了临街景观，内部有日本装饰。

1930 年在今保华街兴建的四层钢筋混凝土金城银行大楼，是学院派古典复兴风格的代表作。台基较高，须上 21 级才进入一楼，正面七间八柱，系西方古典柱廊，高三层，二层开半圆形拱窗，上部有厚重檐口和山花。此楼设计者庄俊是最早留学西方的建筑师，被誉为中国建筑界泰斗。

租界内也有现代风格的“摩登”建筑，如景明洋行大楼、亚细亚大楼、安利英大厦等建筑，立面通常用大玻璃窗，扩大采光面，内部平面布局紧凑合理。

纵观整个租界，无论何种风格，主要街道两端的建筑都属豪华商用建筑，外观皆具有装饰性。但各租界又以本国建筑文化为本，各式洋行、公馆、教堂、医院、饭店等建筑的屋顶和门面结构，风格上还是有差异的。这些建筑中，也有中国买办绅商以“挂旗”的方式，在租界营造的仿洋式风格或中西结合的公馆、里分建筑。

江汉关的设立与茶叶贸易有直接关系。

汉口开埠后，茶叶贸易蒸蒸日上。由于进出口贸易税在上海征收，本地商人便大量逃税。湖广总督官文遂上奏朝廷，请在汉口专设海关，不久，清政府便批准设立江汉关。聘外籍税务司，由在汉口的道台署理海关监督，汉阳知府署理副监督。江汉关署设在河街青龙巷口。

由于汉口的进出口贸易不断增多，河街关署逐渐显得窄小。1920年拟在原英租界工部局旧址兴建新的江汉关大厦，采用招标的方法选定上海著名的斯蒂华达生·斯贝司公司建筑师辛浦森担任设计师，由上海魏清记营造厂承建。由于大楼地基处在沿江大道与歆生路交会处，设计师利用大楼构成两条尽端式道路，构成了两条街道与大楼的对景关系，丰富了城市建筑空间，也有利于观察江面景观。

1922年11月4日，江汉关成立60周年纪念日，江汉关大楼奠基典礼在这一天举行，湖北督军萧耀南、美国军政部长海军上将菲利普，各国领事、武汉市政当局代表、中外商界头面人物及海关重要人士出席奠基典礼。典礼前，海关总税务司夫人将一个装有武汉报纸和货币的小匣子安放在基石下面，以志纪念，建筑工程师赠给总税务司一把银质泥刀。奠基后，江汉关大门左侧立有一块石碑，上书碑文“中华民国十一年十一月四日总税务司安格联爵士奠此基石”。

1924年1月21日，江汉关大楼落成，无论外观还是建筑质量，都属于当时的国际先进水平。大楼立面造型是希腊古典式和欧洲文艺复兴时期样式相结合的风格，钟楼则按英国式样设计建造。大楼的外墙、顶盘、大柱均用湖南花岗石垒成，外表刻有花纹线条，整体显得庄重、坚固、壮观。拱门用高与三层楼平齐的双列圆形石柱筑成。大楼共四层，一层是实验室、仓库、贮藏间和工作人员休息室，二层是大办公室，由马路沿宽阔石级进入大楼正门可直达二层，其东西两翼由平顶的大型玻璃天棚采光，其面积为该层面积的一半，三楼也是办公用房，四楼则作为税务司的住所。整个大楼的建筑材料除灰砂石和湖南花岗石外，其余全部进口。英国进口的有色调优美的柚木门、柳安木地板、伦敦梅德威公司的电梯、戈登公司的水力卫生设备，美国进口的有通用电器公司生产的照明灯具、通风扇以及供暖设备，大楼有正房 48 间，小房 23 间，附房 14 间，总建筑面积 4439 平方米。

大楼顶部钟楼内的大钟，由美国蔡司脱麦斯钟表公司制造、汉口亨达利钟表行安装。大钟使用英国西敏寺报时曲，一刻钟鸣奏一个音节，二刻钟鸣奏二个音节，到四刻钟（满 1 个小时），奏全四个音节后报时，声音深沉宏亮，夜静时钟声可传至 10 里之外。钟楼上设有风向仪，中间镶有一座鎏金英国帆船。时钟装好后，指定外班结关员负责管理使用。每逢星期五，需到在江面停泊的英国军舰上去核对由

江汉关大楼

无线电收到的格林尼治标准时间。每逢星期六上午 10 点，由水手上钟楼从事清洁加油工作，并将悬吊着的牵引锤卷扬一次，借其转动落锤运转时钟。钟楼顶部的嘹望台可鸟瞰全港，用望远镜可眺望上下游进出港口的船只，并挂出旗语指挥船舶进港。白天悬挂红旗表明有船自下游进港，挂绿旗则表明是上游来的船只，夜晚则以红绿灯信号代替，以便港口和旅客亲友接船。

大楼正门上方凿刻有气势恢宏的“江汉关”三字，出自武汉知名书法家宗彝之手。

今天，江汉关大楼依然是武汉最耀眼的建筑。

收回英租界

1927 年，武汉国民政府收回汉口英租界。在这场激烈的斗争中，工人阶级成为武汉国民政府的坚强后盾，显示出摧枯拉朽、扭转乾坤的力量。

1926 年下半年，北伐战争在长江流域、江浙战场不断取得辉煌战果。在北伐战争中受到打击的英帝国主义，为了巩固其在长江流域的势力范围，遂调遣军舰来华示威。当北伐军攻克武汉后，英租界的宣传喉舌英文《楚报》不断发表文章，诋毁蓬勃发展的工农运动。

1926 年 12 月 26 日，在李立三、刘少奇、董必武等人主持下，汉口和武昌各界人民分别在济生三马路和阅马场举行有 30 余万人参加的反英示威大会，揭露英帝国主义干涉中国内政的种种暴行后，通电政府，提出对英经济绝交、收回内河航运权、收回海关、收回英租界、废除中英一切不平等条约的主张。

1927 年 1 月 3 日，武汉工人、学生和市民召开大会，庆祝北伐胜利和国民政府迁都武汉，到处都是一片火热的革命场面。下午 2 时，中央军事政治学校政治科 30 余名学员在英租界上首江边空地（今苗家码头）演讲，大批码头工人、人力车工人和海员工人聚集聆听。3时许，英租界印度巡捕跑来，企图驱散听众，听众未予理睬后，英国水兵荷枪实弹上岸，用刺刀制造“一·三惨案”。工人李大生的大肠被英水兵“随刀拖出，血流满地”，还有工人或腰部或头部被刺，“均命危旦夕”。英水兵的野蛮暴行激起汉口工人阶级的满腔愤怒，蕴藏于工人阶级身上的爱国力量，瞬间迸发出来了。

当晚，愤怒的民众包围英租界，“打倒英帝国主义，收回英租界”的吼声如雷霆震响。英领事被群众运动震慑，火速打电话给国民政府外交部，要求举行谈判。外交部长陈友仁和英国领事葛福及英国海军长江分舰队司令卡梅伦的第一次谈判内容如下。

葛福：陈先生，如果你们的政府是文明的政府，你们就应该能够为汉口英国人的生命财产提供保护。

陈友仁：我们的政府是文明的，我们的人民也是文明的。至于说到保护，你们不是已经用你们的炮舰和陆战队实行了保护吗？中国国民政府再来参与此事，是不合适的。你们杀了我们手无寸铁的人民，你们使用了极其野蛮的方式。

葛福：你们不是也有军警住在租界的边界上吗？

陈友仁：我们的军警不是去杀害英国侨民，而是去保护我们的人民免遭你们的杀害。

葛福：陈先生，那么你的意见呢？

陈友仁：立即撤走你们的海军陆战队，命令你们的水兵退回军舰。

这就是英领事在4日晨将水兵撤回舰上，巡捕撤回巡捕房，并同意国民政府派军队入界维持秩序的重要原因。5日下午5时，武汉卫戍司令部派出一个营进驻英租界，武汉总工会300余名纠察队员同时开进英租界。

5日上午，国民政府成立“汉口英租界临时管理委员会”，推举陈友仁为主席。陈友仁就此发出布告，并正式照会英领事。下午2时，武汉30

一·一三惨案

万市民聚集济生三马路（今民意三路），举行“追悼一·三惨案死难同胞暨反英示威大会”。会后，愤怒的群众浩浩荡荡直接向英租界冲去。卡梅伦事后回忆说：“这场骚乱的整个行动，给我的印象是，这不是一场寻常的苦力骚乱。”确实，当时的全国总工会和湖北省总工会在其中起了重要作用，如总工会秘书长刘少奇在群众集会中号召工人：“准备我们的头颅，我们的血，往前奋斗。”汹涌的反英浪潮，让英领事葛福担心侨民安全，便下令租界内巡捕、公务员及全部英国人都避入英国军舰。

苏联顾问A·B·巴库林在1月6日的日记中写道：“无论是共产党，还是国民党，或者是国民政府官方，都没有料到事情会这样发展，只有工会纠察队才比较积极地第一天就参加了这次事件，不过他们也是在事情发生的那一刻才参加进去的，并没有预作准备。”所以，收回汉口英租界的斗争确实具有突发性、群众性的特点。

收回英租界，不能忽视国民政府外交部长陈友仁。这位出生于中美洲英属西印度群岛特立尼达的律师，不会说汉语，但精通英文，他用丰富的法律知识和爱国热情，在与英领事的交涉中，有理有节、不卑不亢，把英国领事的无理辩解与要求全部驳回，从而维护了国家的尊严。1月10日，英领事和英舰队司令再次约见陈友仁，他们的对话如下：

葛福：陈先生，我们感谢中国政府帮我们渡过难关，我们打算让英国平民回到他们的住宅，由英国当局继续管理租界。

陈友仁：那你们可要应付一种新局面了。

英领：你这是什么意思？

陈友仁：这种新局面是英国政府已经放弃了租界，英租界管辖权事实上已经还给了中国。

葛福：租界是以什么方式归还中国的?

陈友仁：在这块土地上，已经没有留下一个英国人来证明你们没有放弃。用你们的习惯法原则，这块中国人民的领土主权已经被一个法律上、事实上的中国人民的政府恢复了。

…… ……

葛福临别时表示，他们需要好好地考虑一下。

1月22日，国民政府发表对外宣言，郑重宣称："国民政府为中国唯一之政府，国民政府代表豁然觉醒之中国真实精神。为革命运动之工具，使之拓展势力及事业于中国者。外人对此运动情势所趋，虽欲不与之妥协不可能也。"陈友仁和英领事共进行16次艰苦的谈判，终于在2月19日正式签订《收回汉口英租界之协定》。根据协定，国民政府将于1927年3月15日正式收回汉口英租界。

汉口英租界的成功收回，是中国人民反帝爱国运动和中国外交史上的重大胜利，也是自第一次鸦片战争以来，中国人民从西方列强手中成功收回租界的先例。

武昌城郭炮声隆

辛亥风云舞碧空

3 辛亥革命

一百多年前，大批仁人志士没有被祖先的荣耀和辉煌所陶醉，也没有迷失于文明古国的光环。他们认为，争取独立、争取自由，找回中华民族的理性和自信才是彼时的当务之急。1911 年，终于爆发了推翻封建帝制的武昌首义。武昌首义后，江岸刘家庙、大智门等地成为民军与清军激烈鏖战的战场，民军在江岸留下了可歌可泣的历史故事和历史遗迹。

宝善里爆炸

清末，革命党人在汉口设立的秘密机关全部在江岸。

1907年8月，日本东京成立了“以推翻清政权、光复旧物为目的”的共进会，1909年1月，共进会领导人孙武回国，4月在法租界长清里98号设立总机关，这是最早在江岸设立的革命党人机关。

1911年9月24日，革命党人在武昌胭脂巷11号召开重要联席会议。会议决定，在武昌小朝街85号设立起义总指挥部，在长清里98号设立政治筹备处，负责建立革命政权的各项准备工作。但是，南湖炮队的几个革命党人闯了祸，让第八镇统制张彪警觉起来，张彪开始不间断地到各军营巡查，还不时吹奏紧急集合号，点名清查，形势骤然紧张起来。

为保证安全，革命党人决定分散设置起义的领导机关。因共进会总机关已在长清里98号，革命党人便把政治筹备处转移到荣昌照相馆。但军警很快就注意到该照相馆，政治筹备处又转移到俄租界宝善里14号。革命党领导人刘公随即也租住到宝善里1号，以便照料。

10月9日，起义的各项准备紧锣密鼓地进行。下午3点，孙武等多人在宝善里14号二楼配置炸弹。革命党人谢石钦看到孙武身边堆放着十几枚炸弹，担心安全，便把炸弹搬到了楼下。果然，孙武因搅拌炸药用力过猛，引起火药爆炸，脸部和右手烧成重伤。幸而做好的炸弹全部搬到了楼下，才避免了更大的事故发生。革命党人李作栋见状，迅速从衣架上取下长衫蒙在孙武头上，急速送他去法租界同仁医院。谢石钦等人想把文件、名册带走，仓促间打不开柜锁，只好离去。

爆炸后的14号浓烟弥漫，俄租界巡捕闻声而来，进门看到炸弹，劈开柜门又看到旗帜、文告、袖章、名册及盖印纸钞，革命党人的秘密联络点暴露了。与此同时，孙武对闻知消息赶到医院的邓玉麟说：

“宝善里机关被抄，机密全泄，清吏必按名册捉拿。只有马上动手，还可死里求生。”邓玉麟立即渡江，奔往起义总指挥部小朝街85号，欲向起义总指挥蒋翊武和刘复基报告宝善里失事情况和孙武关于当晚发动起义的建议。

宝善里十四号

宝善里爆炸引来一系列惊心动魄的历史，也给革命党人带来重大损失。但这次爆炸，直接推动了武昌首义提前爆发。

刘家庙大捷

10月11日上午，首义后的革命党人成立了湖北军政府，第二十一混成协统领黎元洪被推为都督。清政府为挽回败局，维持其专制统治，急令河南混成协赴湖北，又调第二镇、第四镇各一部星夜南下，再命海军提督萨镇冰率长江水师急驰武汉。13日，河南混成协到达刘家庙，与逃至刘家庙的张彪残部会合后，在刘家庙以南构筑工事，作战斗部署。此时，他们有兵力约2000人。17日，长江水师靠近武汉江面。

为了遏止清军南下，保卫革命成果，湖北军政府决定在大批清军到来之前，抢夺刘家庙车站这一战略要地。为此，军政府命第二协统领何锡蕃为临时总指挥，率第二协及炮队、敢死队约1300人开往汉口，在西商跑马场一带设炮兵阵地，在大智门一带布设防线。10月18日凌晨，何锡蕃在循礼门刘家花园司令部发出进攻命令，民军开始进攻刘家庙张彪残部和南下清军，阳夏战争拉开序幕。

民国《夏口县志》卷八如是记录这场战斗：“两军遇于刘家庙，

刘家庙大捷浮雕

当布战线。民军先以空枪警告，官军即以实弹还击。甫交绥，民军已蛇行而前，愈薄愈近，炮兵亦同时攻击，官军引退。民军尽力穷追，官军乃避入火车，飞驰而去。时车头俱为官军所有，民军追之不及，子弹且尽，遂陆续退还，仅留百余人伏于稻田瞭望。时有铁厂工人多名哗呼而起，坏铁路十余丈。有顷，轮忽飞奔而来，轰然一声，车已翻倒。民军乘势力攻，死人无算。至下午四时再战，萨军兵舰六艘均开炮，以助官军，炮发多不中。民军发五六炮中舰，遂转向下游开驶。时官军驻扎平原，而民军屯山上，互相攻击，直至夜半二钟，北军大败，退避三十余里。”此次战斗，民军阵亡 148 人，受伤 300 余人，清军阵亡 400 余人，受伤兵士更多，河南混成协基本丧失战斗力。

刘家庙大捷是阳夏战争中民军最大的一次胜利，原因在于“民气之盛，为古今所未有”，且“一般军民均不畏死”。这也是汉阳铁厂工人冒死支持民军、长江水师未完全执行清政府命令的原因。

19 日，民军占领刘家庙车站，清理战场后，在收缴的火车头上高悬旗帜，拉着满载粮食弹药等战利品的车厢驶回市区。外国记者丁格尔在他的《辛亥革命目击记》中如是说：“首战告捷的获胜之师开进城时，革命军队及其支持者遇见了少见的忙乱局面。完全战胜了张彪及其部下，除彻底击溃敌人，革命军的士气也获得巨大激励，他们摩拳擦掌，渴望进行新的战斗。”刘家庙大捷使民军成功夺得保卫武汉的前哨阵地。

三道桥、大智门的激烈拉锯战

刘家庙大捷后，形成以三道桥为界的南北对峙局面。三道桥只有一里多长，四周是湖水，京汉铁路由此通过。任何一方只要用机枪、重炮封锁桥头，就形成一夫当关、万夫莫开之局面，然清军抢先控制了该桥。民军极想夺得此桥，但数次进攻均受重创。

10月21日，大批清军南下，屯驻祁家驿。22日，黎元洪亲率民军渡江抵刘家庙，以3000民军再次猛攻清军，清军“弃械曳兵退至二道铁桥，死亡过半。军械、弹药既行军用具，概归民军所有”。23日下午，民军乘胜进至谌家矶造纸厂附近，与清军遭遇，遂猛扑清军。清军退走，民军追至三道桥，又遇清军机关枪扫射，再次退回谌家矶。《夏口县志》卷八记载了民众在这次战斗中的态度：“百姓临阵聚观者甚众，当战局急迫时，几欲徒手援助。”不仅如此，汉口各商团还慷慨解囊，发米百担送给民军作军粮，从25日起，商团在如寿里搭大锅十几口，做饭送给刘家庙、大智门的民军。民心所向，全在民军。

三道桥正在激烈战斗，顽固维护清政府的原湖北新军第二十九标统带张景良，忽然主动要求上阵杀敌，黎元洪便委任他为汉口前线司令官，“率在汉所有军队，明日进攻滠口之敌”。张景良立即动身，赴刘家庙成立司令部，但接管所有军队后竟下令烧毁刘家庙子弹库，并按兵不动，致汉口军情紧急。27日上午，清军分三路攻击民军，清海军也顺利躲过民军炮队的瞭望，驶进谌家矶，从右侧炮击民军，致民军粮台起火，500余官兵牺

大智门火车站

牲，民军遭受重大损失（此役阵亡民军大多葬于古德寺后的义冢内）。战斗中，熊秉坤三次向张景良请援，均无回应。下午，张景良不知去向，民军被迫退回大智门。

在大智门，民军前线各部官长和汉口军政分府成员紧急讨论战事，从张景良下令烧毁子弹库及清军似乎了解民军军情分析，确认张景良通敌。湖北军政府随即召开紧急会议，任命谢元恺负责指挥，同时增派援军支援汉口。

28 日黎明，清军大炮猛轰西商跑马场的民军，民军则在大智门及刘家花园一带反击，双方炮击达 3 小时之久。正午，约 5000 名清兵蜂拥而至，攻占大智门车站。民军弹尽之时，谢元恺给民军下令，待清军逼近与之肉搏。短兵相接，大炮、机关枪失去作用，清军“死者相藉”，仓皇溃退，民军收复大智门车站。午后，清军再次攻击民军横堤一线的阵地，民军再次遭受重大损失，清军顺势占领跑马场一线。同时，清军炮队也转移阵地，炮弹“累累如连珠”落在民军阵地，民军被迫退至大智门，清军乘胜追击，民军“又舍大智门而退”。连续两天的战斗，民军伤亡近 2000 人。

28 日下午，民军终于在后城马路的旅馆中逮捕了正在通敌的张景良。汉口军政分府主任詹大悲担心将张景良押到武昌，会被黎元洪“宽宥”，便下令将其押至江汉关枪决并枭首示众。但是，战局已经急转直下。

球场路辛亥首义烈士陵园

“涉广纷纷起草莱，江湖亡命揭竿来。几多代价兴民国，白骨如山埋土坏。”这首《战士冢》描写的阳夏战争史，确实残酷。1911 年 10 月 27—28 日，民军在大智门、刘家庙和西商跑马场一带与清军激烈拉锯时，民军优秀指挥官谢元恺、蔡德懋、马荣和千余名首义将士血洒战场。尤其是英勇善战的马荣，其遗体被清军残酷地“剥肤剖心”。

球场路辛亥首义烈士陵园

战斗结束后，旅汉各国侨商被革命志士精神感染，遂提议由中外协组赤十字会，收埋烈士遗骸，分成6座墓冢合葬于球场路，称赤十字会义冢，俗称“六大堆”。1912年2月，赤十字会在每座墓冢前立“国殇”石碑。1913年，赤十字会又和汉口各慈善团体将义冢建成公墓，原鄂军都督黎元洪题墓碑额“铁血精神”及“鄂军起义阵亡诸烈士墓”墓名，以志纪念。1946年，武汉行辕主任程潜下令汉口市政府修葺公墓，围以栅栏，建立“辛亥首义烈士陵园”，并题写“辛亥首义烈士墓”碑名。

阳夏战争到底有多少烈士阵亡，无法精确统计。粗略的统计数字为，民军阵亡将士约4200人，死伤无法确定的有2000多人，受伤者1700多人。这个数字还不包括汉口失守前四天在混战中阵亡的无名烈士。战后，散布在汉口、汉阳的辛亥烈士公墓有29处。

新中国成立之初，汉口的辛亥烈士公墓仅存球场路、单洞门和利济北路三处。1955年，又因市政建设需要，将单洞门公墓的烈士遗骸迁葬球场路，这批迁葬的烈士遗骸在球场路公墓左后方单独立冢。球场路公墓因而成为安葬首义烈士最多的陵园。1956年，此陵园成为湖北省重点文物保护单位。

1985年再次重修陵园，今陵园占地4326平方米，由矮墙围成方形院落。六座墓冢前壁上，均镌有“铁血精神辛亥首义烈士之墓”铭文和红“十”字图案，园陵中央耸立着高10.10米的剑形纪念碑，象征10月10日武昌首义，碑正面刻有李尔重题“辛亥首义烈士纪念碑”镏金碑名和辛亥老人喻育之撰写的碑文。

洋行厂矿连天际

灯火辉煌映晚晴

4 晚清以来的著名工厂

江岸工业始于租界建立后，外国资本开办与进出口贸易相关的加工厂。从晚清时起，在洋商和华商的共同努力下，江岸工业蓬勃发展，工业基础和规模较为先进，很多企业在武汉，甚至在中国都处于领先地位。

俄商顺丰、新泰、阜昌砖茶厂

顺丰砖茶厂 1863年，沙俄尼古拉一世亲戚、贵族巴提耶夫来汉开设顺丰洋行，经营茶叶。除大量收购中国茶叶远销俄国外，他还派人到羊楼司、羊楼洞一带招人包办监制砖茶。同年，在羊楼洞开设顺丰砖茶厂，拥有资金400万银两，资产560万银圆，这是武汉最早的外资工厂。

1873年，巴提耶夫将顺丰砖茶厂从羊楼洞迁至今黎黄陂路和兰陵路之间的江边，几栋两层砖木结构楼房围成方阵，以鄂、湘两省茶区的茶叶为原料，利用当时最新式的蒸汽机、锅炉和多种制茶设备，日夜开工，生产红砖茶、绿砖茶以及用茶末压制成的小京砖茶。厂内三座烟囱高耸，雇用工人近千人，每年可压制砖茶20余万篓，所产砖茶主要销往俄国。为便于装船，茶厂辟出了顺丰茶栈码头，这是武汉第一个工厂专用码头。

汉口顺丰茶厂旧址

顺丰在九江、福州也设有分厂。19世纪末，顺丰与阜昌、新泰等砖茶厂操纵汉口茶市，赚取大量利润，该厂买办韦紫凤也赚得盆满钵满，他于1903年建有管记里，后卖给和记买办，改名坤厚里。

1891年，俄国皇太子到汉，在接受张之洞宴请后，便来到顺丰进行重要的外事活动。他先接见了12名汉口绅商，接见时由俄国领事以汉语致谢，后又与英、德两国水师官员及各国领事、商人谈话，并陪他们一起参观茶厂陈设。

1917 年俄国十月革命后，顺丰砖茶厂停办，巴提耶夫返回苏俄。

新泰砖茶厂 1874 年，新泰洋行也将鄂南茶厂迁至今兰陵路。茶厂有自动式大锅炉 6 个、压制茶砖机 6 部，还有堆存茶叶、茶砖、红茶拼配改制的包装厂及木料仓库等。

新泰砖茶厂旧址

1891 年 4 月，为庆祝建厂 25 周年，新泰举办盛大宴会与展览。早在 2 月下旬，俄国皇太子尼古拉·亚历山德罗维奇（即沙俄末代沙皇尼古拉二世）便将他要从广东取道福建转汉口游览的消息传来。俄国驻中国大使特地赶往汉口，以迎接皇太子。4 月 20 日上午 10 时，俄皇太子一行乘符拉迪沃斯托克号及战列舰科雷兹号、波博尔号在俄租界码头登岸，21 日参加该厂庆典，正是在这次庆典中，俄皇太子即兴祝辞，称赞俄国茶商是伟大的商人，汉口是伟大的东方茶港。从此，“东方茶港”成为汉口的代名词。金陵大学在 1934 年的调查报告中追溯俄商茶厂时，如是说：“在俄租界有两座砖茶厂，还有两座在英租界，无疑它们是汉口最重要的工业企业。”

第一次世界大战后，新泰洋行由俄商李泊衡等筹资，以英商名义经营，改在英国伦敦注册。1920 年，新泰洋行在原址翻建五层大楼，悬挂英国国旗营业，在楼内备有茶楼（茶叶审评室）。1921 年，又将茶厂对面的洞庭街仓库改建为四层钢筋水泥仓库。1922 年起，该厂恢复购买红茶，在新泰红茶厂改装打包，少数运往苏联，多数运销欧美。1924 年，苏联乔其亚茶公司大股东苏联协助会茶叶部委托新泰代压制青、红茶砖及代购红茶。压制青砖老茶的茶叶来自羊楼洞、羊楼司、通山、通城、浠水、罗田、麻城等地。花香从爪哇、锡兰、印度等国（地区）进口，红茶购自祁门、宁州、温州、宜昌、宜都、

鹤峰、五峰、恩施、浠水、罗田、麻城、蒲圻、通山、通城、平江、浏阳、安化、宁乡、桃源等处。青砖运往苏联后再返运西藏等地区销售。

1932年，该厂更名太平洋茶厂，“七七事变”后，苏联茶叶专家回国，遂停业。1942年5月，日军将该厂交由日本茶叶株式会社使用。1945年，茶厂的机器设备被日军转运至外地。

阜昌砖茶厂 1874年，阜昌洋行将羊楼洞制茶厂迁至英租界阜昌街。该厂为两层楼房砖木结构，是19世纪末20世纪初汉口最大的制茶工厂，最鼎盛时工人有2000余人，并在福州、九江、上海、天津及斯里兰卡的科伦坡和莫斯科等地都设有支店。沙俄非常重视阜昌，俄国皇太子登临汉口的第一天，就于下午6点到阜昌洋行用晚餐。为准备这次盛宴，阜昌提前聘请上海烹饪名家密采里承包宴会，提前请厨师与帮厨等20余人来汉，合计耗银5000两。

阜昌制茶厂设备完善，所产砖茶大多输往俄罗斯。阜昌是三大茶厂中关闭最早的，十月革命后即停止运营。

燮昌火柴厂

1897年，浙江宁波籍的民族企业家宋炜臣，在汉口创办了第一家民族资本近代工厂——燮昌火柴厂。当时的火柴称为“洋火”，一首《洋火厂》竹枝词如是形容洋火：“古风无复见传薪，洋火销流遍地匀。如此利权须自保，莫因押款让他人。”从诗中可以看出，生产洋火的利润很丰厚，因此，中国人应该创办洋火厂，不能把丰厚的利润让给外商。而宋炜臣创办洋火厂，其目的就是“俾挽利权”，打破洋火的垄断局面。

为节约建厂成本，宋炜臣购买荒僻的低洼之地为厂址，又从后湖购土填压地基，最终建成占地1.7万余平方米的工厂，其范围北起今卢沟桥路，西邻今胜利街，南抵燮昌小路（今郝梦龄路）。厂内有排板房、上药房、配药房等 12 个车间，细分成 16 个操作房，常雇工人约 700 人，最多时达 2500 余人。生产双狮、单狮、三猫、三鸡等品牌的火柴，这是武汉工业产品中最早使用的商标。1897 年，宋炜臣又在马家墩建起武汉第一座民族资本专用码头。

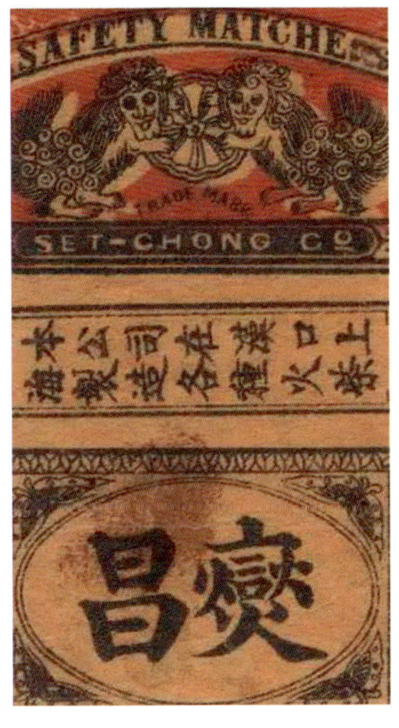

燮昌火柴厂生产的双狮牌火柴

1898 年，燮昌被圈入日本租界。为维护民族工业，湖广总督张之洞和日本驻汉领事水野幸吉多方商议，据理力争，订立如下条款："燮昌火柴厂照常开设，不致勒令迁移，不能苛待，与日本商民一律看待。"张之洞以总督之权极力保护，终使燮昌未沦入日人之手。为保护燮昌，张之洞还给予燮昌独家生产火柴的专利权，中外厂商十年之内禁止在汉设立火柴公司与之争利。

为办好工厂，宋炜臣引进先进技术设备，实行严格管理。最初生产的黄磷火柴遇高温易自燃，火焰毒性较大，宋炜臣便改进制作工艺和材料，以硫化磷火柴和安全火柴取而代之，终于"制货颇精，获利甚厚"。月产双狮火柴达 150 箱，年产 1 亿盒。汉口由是呈现"洋火市场敛其形，全然被驱逐也"的新局面。

第一次世界大战期间，洋火进口锐减，燮昌产销两旺，迎来发展良机，成为国内最大的火柴厂。而以其厂名命名的燮昌小路，也是日租界中唯一以中国企业命名的路名。一战结束后，洋火卷土重来，廉价倾销，逐渐垄断武汉市场。加之宋炜臣在湖北阳新富池口开采铜煤矿和在竹山开办五丰铜矿公司，耗资甚巨，火柴厂的收益全部投入其中，致火柴厂资金匮乏，市场萎缩，乃于 1927 年关闭。

英商和记蛋厂

1897 年，英商和记洋行汉口分行在今六合路设立打蛋厂。开业之初，主要从事收购鸡鸭业务，同时陆续从英国运送大批机器来到汉口。1902 年，和记又在六合路购买大片地基，于 1903 年建新厂房，1914 年分别建成钢筋水泥四层楼房 1 栋、六层楼房 2 栋、砖墙水泥屋顶平房 1 栋、砖墙白铁屋顶冷冻冰房 1 栋。

第一次世界大战爆发后，欧美各国急需以面粉、牛肉粉和蛋制成的饼干，供应军粮，故蛋粉销路极畅，行市亦高。此时，德商已经回国，和记承担了英国军队的部分军粮任务，购买、生产量大增。和记迅速扩大经营范围，除兼收鸡蛋、鸭蛋、鸽子、牛、猪、大小麦、蚕豆和芝麻外，还在今沿江大道六合路口建屠宰场、炼油厂，在偏远的谌家矶建鸡鸭饲养场。和记拥有强大的冷冻设备，先进的加工技术，又失去竞争对手，因此步入极盛时期，成为华中区制蛋业中规模最大的厂家，垄断汉口蛋品市场长达 50 余年。

和记产品以冰蛋为主，价格比其他厂价格高。因其质优，英、法、德、美等国竞相购买，获利巨大，中国蛋品也因此蜚声世界。所以，购蛋、制蛋长期被和记列为第一宗生意。据说，蛋厂废弃的鸭蛋壳，积年累月倒入工厂附近的野湖内，竟把野湖填满，野湖遂得名鸭蛋壳，后谐音称亚单角。汉口人不称和记洋行，称和记蛋厂也是这个原因。

英商和记蛋厂

1921 年以后，和记全部改为生产冰蛋，单日产量最高可达 120 吨，冷藏容量最高为

1万吨。第二次世界大战前，每年出品包括冰蛋、炕白、炕黄、飞黄、冰黄5种产品7000余吨。1937年前每日打蛋90吨，占华中地区蛋品出口的50%。蛋厂第二任正副买办杨坤山、黄厚卿也获利颇丰，购买了包括坤厚里在内的多处房产。

1938年，武汉沦陷，和记业务趋于萎缩。1941年太平洋战争爆发后，日商三菱公司接管和记，更名三菱公司。三菱全力服务日军，所购鲜蛋一半送日本军部，一半加工制造成干全蛋片，供给海军。同时还替军部加工味噌粉、酱油、救急食粮、肝粉、酒、干菜、米苏、冻鸡、冻牛、羊肉等。1944年12月18日，美国飞机轰炸汉口，和记受损严重。战后收回，经过恢复后，生产规模仍然可观。

1949年后停止生产。1956年3月国营汉口蛋厂接收和记全部厂房、设备及全部华籍职工。改革开放后，大楼改为大型商厦中南商都，2006年底拆除。

英商平和打包股份有限公司

1905年，英商平和洋行设立平和打包股份有限公司，隶属总部在香港的上海平和公司，自有资金182662.90英镑，生产设备有水压打包机3台、抽水机3台。1906年，上海协盛营造厂派沈祝三来汉，在今青岛路8号、10号、12号建钢筋混凝土结构四层大楼一栋，大小房间105间，建筑面积611市方丈，在今青岛路9号、11号建钢筋混凝土结构四层楼房一栋，并建有砖木结构楼房两栋和砖瓦平房一栋，共计建筑面积235市方丈。平和也有自己的专用码头。

平和以棉花打包为主，兼打包牛羊皮、羽毛、苎麻等。有大小机房70间，一天打包1500件。同时兼营桐油、生漆、猪鬃、中药材等进出口打包业务。平和是武汉保存最完整的工业建筑之一，尤其是室外传送货物包的机械传送装置基本保存完好。

平和打包厂旧址

1923年1月10日，平和、隆茂打包的工人代表为争取棉花业工人待遇，被英租界巡捕逮捕，工人涌至巡捕房要求放人时遭武力镇压。翌日，3000余棉花工人联合罢工。至18日，英商被迫接受工人条件，释放被捕工人。19日，花行工人复工。

1941年日军占据该厂，1946年收回后复业开工。

1953年12月，由市商业仓储公司接管，更名第三打包厂。1960年9月改成专业仓库，担负百货、五金、服装、文化、劳保用品、仪器和钟表等9000多个品种、约2.2万吨商品的储存和转运业务。1982年、1984年被评为全国商业系统“四好”仓库。

2011年被列为武汉市文物保护单位，2012年被列为武汉市一级工业遗产。

从英商汉口电灯公司到合作路电厂

1906年5月，三盏路灯照亮武汉漆黑的夜晚，人们终于可以不用手提灯笼走夜路了。同年，汉口出现了电动排污站，租界产生的部分粪污被15匹直流电动机带动气压排污泵从今天的天津路排入江中。这些新生事物的出现，源头都指向汉口电灯公司，又称英商电厂。

1905年，英国皮货商集资3万英镑，在今合作路22号建成三层混合结构的电厂大楼，红瓦屋面，转角处有钟楼，建筑面积2983平方米。厂内装有3台小型直流发电机，1906年11月开始向英、俄、法租界供电，装机总容量125千瓦。1911年增装1台300千瓦机。此后该厂不断增加设备，扩大产能，1915年装1台400千瓦机；1920年和1924年，分别增装两台1000千瓦机，装机总容量达2825千瓦，成为当时全国最大的直流发电厂。1932年又增加1台2500千瓦机，1935年再增1台1250千瓦机后，1915年以前所装5台小型千瓦机相继停用。电厂在汉经营35年，是租界内存在时间最长、规模最大的电力公司。

1941年太平洋战争爆发后，由日本华中水电株式会社强行管理。抗战胜利后，英商电厂由既济接收代管，俗称合作路电厂，发电机容量为4750千瓦。

1952年更名武汉第四发电厂。翌年12月，3台直流发电机改装成交流发电机，1955年停止发电，1956年发电机调往甘肃玉门。后工厂不断更名，先后有修试工厂（场）、省电力修配厂、省电力局汉口电力修造厂、省电力局汉口电力设备厂等名称。

电厂大楼是谁修造的，一直没有明确说法。电厂三楼有一根钢制老房梁上的英文“多曼朗有限公司”回答了这个问题。这是英格兰著名的建筑公司，目前依然活跃在世界各地的建筑市场。2003年，多曼朗有限公司重返汉口，承建了阳逻大桥的部分建筑。

2008年电厂大楼成为湖北省文物保护单位。2014年7月改为湖北省电力博物馆。

汉口电灯公司

汉协盛营造厂

谈汉口的百年经典建筑，谈中国最美的武汉大学，都离不开汉协盛营造厂。汉协盛及其创办人沈祝三（1877—1940），注定名留青史。

1904 年，上海协盛营造厂监工沈祝三带领工人和技术人员到汉口，承包英商太古仓库工程，工程完工后又承接平和打包厂工程，其间结识英国工程师、景明洋行老板海明斯。海明斯有英国领事馆的背景，广揽英商在汉建筑工程的设计与监工业务。因其目睹汉协盛的工程质量，便有意将其设计的建筑工程给沈祝三承建。1908 年平和打包厂工程完工后，沈祝三遂脱离上海协盛，自办汉协盛，并陆续承接保安大楼、横滨正金银行、普爱医院、卜内门洋行、日清公司大楼、德林公寓等工程，同时付给景明洋行工程总造价 5% ~ 10% 的设计费及同样比例的监工费。1921 年，为感谢海明斯的支持，汉协盛在鄱阳街青岛路口建景明大楼，作为礼物赠送给景明洋行。

沈祝三铜像

汉协盛在资金上依赖汉口浙江兴业银行的支持。由于自身规模不大，为保证工程质量，沈祝三从上海高价招募熟练技工和技术人员，负责施工现场的各项工作。混凝土搅拌机和打桩机购买英制产品，钢材、水泥等则从德国哈尔钢铁公司进口。为了降低原材料成本，他自设砖瓦厂和采石厂。施工中不抢进度，砌墙到一定高度，须停工存放待干固后再砌，门窗等木制品均要存放干燥后才使用，双方均派工程师、监工随时监督检查质量，一旦发现问题，则坚决返工。

由于高度重视质量，尽管汉口的营造厂如雨后春笋般从 20 来家猛窜到 400 多家，但新建的大型工程中，仍有 19% 为汉协盛承建。除上述建筑外，汇丰、台湾、中孚、盐业、浙江实业、金城、四明、交通等银行大楼，礼和、西门子、大来、捷臣、永兴、太古等洋行大楼，一纱、裕华、申新、福新、和记、利华、穗丰、隆茂等厂房，中西、同仁、协和、梅神父等医院，电话局、国货商场、万国跑马场、王惠桥等交通、商业、市政设施等，包括汉口总商会、华商总会、信义大楼、基督教救世堂等机关、住宅、教堂等，都是汉协盛留给武汉的历史纪念。

值得特别记录的是，1930 年，汉协盛低价承包了武汉大学的建校工程。但估算造价时，遗漏了开山辟路运送建筑材料上山以及修建水塔、水池等多种配套工程，加之 1931 年大水给工程带来的损失，故工程结算时，出现 40 万元的亏空。为了武汉大学建校工程顺利完工，沈祝三卖掉三多里、共和里和阜成砖瓦厂等资产以填补亏空。1938 年武汉沦陷，营造厂未曾内迁，业务萧条，日益亏损。1940 年，沈祝三在贫病中去世。

从江岸机厂到江岸铁路工厂

江岸机厂是修建京汉铁路时，汉口开办的第一座近代工业企业。

19 世纪末，清政府向比利时借款修建卢汉铁路（即京汉铁路），由比利时银行团派员监造铁路并经营管理铁路。1901 年，比利时选择在刘家庙建设机厂，有厂房 3 间，供修理机车车辆之用。法国人也获得部分建厂权和管理权，次年夏，法国人便从国内运来部分机械和一台 40 马力的蒸汽机，从福建马尾造船厂带来部分熟练工人，又从黄陂、孝感、汉阳等县招来木匠、铁匠、镶配匠（钳工）等 40 余名技术工人，开始了最原始的手工作业。

江岸机厂

1904年，京汉铁路即将全线通车。法国人从国内运来了一批机车，客车和货车也陆续到达汉口。由于这些体积庞大的车辆是拆开分批装运的，配件繁多，江岸机厂成为组装这些机车的基地。为尽快将机车组装完毕，法国人委派技术出身的杜拉克担任厂长，并雇佣中国留法学生、广东人黄志文担任工程师主持组装工作，同时雇佣一批曾在汉口法文学堂学习了3年法文的中国青年协助管理工作。由于生产需要，杜拉克扩充工厂地基，新盖修理车辆厂（平车房），面积1280平方法尺；修理机车厂（车头场），面积1630平方法尺；油漆厂，面积600平方法尺；原有的3间厂房改成修理机械厂（机器场）、翻砂场和锅炉房（马力间）。同时，又增加100多名工人。

1908年，清政府向法、英两国贷款归还了比利时借款，工厂遂全部由杜拉克经营管理。

辛亥革命后，该厂由中国政府管理，仍由杜拉克担任厂长。1914年，该厂改称江岸修理厂。1919年，该厂年修机车10余辆，客车100多辆，货车1000余辆。工厂总面积增至11000多平方米。1924年后受军阀混战影响，生产几近停顿，1930年又渐入正轨，机器设备得以充实，职工增至900多人。每年可大修机车26辆，客车95辆，中修客车250辆，大修货车320辆，中修货车600辆以及其他配件。

武汉沦陷后，日军佐藤治部队进驻该厂，由日本人西野充任厂长。西野从南满铁路和旅顺、大连地区调来设备和人员，恢复了生产。抗战胜利后，工厂仅剩修车场及少量机器设备，其余均毁于战火。国民政府虽苦心经营，职工渐增至1100多人，但生产能力较之战前仍下降甚多。

1949年后更名江岸铁路工厂，成为铁道部机车车辆工业总公司的大型企业。2007年，该厂与武昌车辆厂、铜陵车辆厂、株洲车辆厂合并，整体搬迁至江夏，组建成全国最大的铁路货车生产基地——南车集团武汉江岸车辆厂。

至2010年，该厂原址还保存有当年修理机车头时用来调头的大转盘——转车楼。这个大转盘底座直径25米，架在深5米的大坑中间，坑边是带齿的圆形单轨，中间是一段可与铁路相连的铁轨，车头驶入铁轨后，推动转盘就能调转车头。因为转车楼的重要作用，在周边形成的住宅区也称为转车楼。

英美烟公司汉口分公司

“强盗商标三炮台，纸烟牌号亦奇哉。攻心伐髓君知否？寸寸巴沽是劫灰。”这是民国初年罗汉撰写的竹枝词《香烟》。词中的所谓强盗，是指老刀牌烟盒上一个面目狰狞的持刀人，当时汉口人称此牌为“强盗牌”。“三炮台”指红、绿、白色包装，内层衬有锡纸的锡包牌烟。至于“攻心伐髓”当然是指有害健康了。

干危害人体健康之事的公司就是英美烟公司。1906年，该公司在六合路设立武汉最早的近代机制卷烟厂——汉口制烟厂。1908年开工，招收男女工人1500～1800人，月产哈德门、老刀、红锡包、绿锡包、白锡包、美伞、船牌和紫金山等烟约8000箱。该公司有资本980多万银圆，下设会计部、运输（报关）仓库部、订货部、广告部、营业部、邮电打字室等，主管均为外籍人员。不久，该厂便成为华中地区最大的烟厂和辛亥革命前武汉最大的外资企业。

1911年，公司在今鄱阳街合作路口组建汉口分公司，经销卷烟，

英美烟公司汉口分公司

行销鄂、湘、赣、豫、川五省，该公司负责人称“五省总（督）办”。1924年5月，该公司将位于今硚口水厂附近的烟叶厂辟为第二制烟厂，简称英美汉水烟厂。1924—1926年，两厂年平均输出烟叶22.43万担，连续三年成为全国烟叶出口第一口岸。1926年短暂停工，1927年复工。

1907年成立的汉口三江烟公司，1908年成立的武昌德馨烟公司，都是该公司的代理商号。1928年，上海银行行长周苍柏、英商亚细亚煤油公司买办涂堃山合资20万元开办的义记经销公司是英美烟的总承销机构，总办事处设于鄱阳街英美烟汉口分公司内，周苍柏任经理，在湖北、湖南两省包销该公司卷烟。

1934年9月，该公司为逃避税款，在上海成立颐中烟草公司，全盘接收六合路烟厂。武汉沦陷后，日商强占烟厂。抗战胜利后，该公司虽收回烟厂，但因损失太大未能恢复生产。

武汉解放后，人民政府接收六合路烟厂的土地、房屋、家具及3名护厂员工，机器设备和烟叶等其他剩余物资由中南财委物资管理局接收，其中卷烟机拨给国营汉口烟厂使用。

武汉肉类联合加工厂

武汉肉类联合加工厂，简称“肉联”，是新中国第一个五年计划期间，中央决定在武汉兴建的国内第一家大规模肉类联合加工企业。

20 世纪 50 年代，中国急需大量外汇换取建设物资。由于中南地区产猪占全国 1/3，合乎出口标准的占 85% 以上，加上武汉水陆交通便利，具备出口冻肉与毛猪来源供应等有利条件，1952 年，国家开始筹建大型冻肉加工厂，1955 年定名武汉肉类联合加工厂。为配合冻肉出口，1953 年在堤角建成牲畜检疫站，负责出口及过境的牲畜检疫。

从 1954 年起，中国长期向苏联和东欧供应猪肉。当时，1 吨中国白条猪肉可换回苏联 4 吨钢材。1955 年，出口猪肉与内销猪肉实行统一生产，武汉市猪肉加工的任务全部由肉联完成。至 1957 年底，共对苏出口冻肉 7.5 万吨，为中国换回钢材 30 万吨。1958 年，肉联宰猪量达到 145.8 万头，工业总产值达到了 9873 万元，相当于全市工业总产值的 1/20。肉联因此得到国家领导人的高度重视。1958 年 12 月 13 日，中华人民共和国副主席朱德到肉联视察，留下了“扩大肉类联合加工厂，为全世界人民服务”的题词。

武汉市肉联厂

在肉联，猪的全身都是宝：猪肠制成了肠

衣；猪鬃和猪毛成了传统出口产品；猪血制成的血粉，是夹板粘胶、油漆涂料和渔具上浆的重要辅料；猪骨配上部分废弃脏物，制成专门用作细菌试剂的蛋白胨；以边角猪皮等制成的明胶，则明确分为食用、药用和工业用三类；经过处理后剩下的废肉渣、皮渣和骨渣等，又被加工处理，配制成为肉粉和骨粉，成为鸡、鸭、鱼的精饲料。需要提及的是，肉联厂把死猪运到化脂间熬制成为化工油，成为制造肥皂的主要原料。这种对死猪的处理方式与把死猪扔进河流、埋入土中相比，明显要环保、经济很多。反观上述工序和产品，可知 20 世纪 50 至 60 年代的肉联，生产理念已经非常先进。

20 世纪 60 至 70 年代成长的武汉人，一定都记得肉联厂足球队，这是一支在中国声名远扬的足球队，他们曾连续 12 次夺得武汉市业余足球联赛冠军，4 次参加全国乙级足球联赛，1 次取得第四名，3 次取得第五名。

2002 年，肉联厂改制成为武汉肉联食品有限公司。2007 年，肉联又与武汉万吨冷储进行战略重组，组建新的武汉肉联食品有限公司，成为一流的冷链物流企业。肉联是武汉工业史上一段值得铭记的历史。

其他工厂

江岸还有很多工厂，虽然存在的时间不长，却也曾经像明星一样闪耀着光芒。位于义和巷的武汉三米厂，在 20 世纪 60 至 70 年代，在开拓粮食经营、开展副食品综合生产方面颇有成绩。它生产的灵芝药酒一度是武汉名产，远销香港市场。同样位于义和巷的武汉皮件厂，20 世纪 60 年代生产的皮箱、帆皮箱和猪皮劳保手套大量出口，80 年代生产的“航空牌”人造革箱，被评为湖北省优质产品，也大量出口。几十年的时间，为国家换汇立下汗马功劳。

位于湖边坊184号的国营江岸豆制厂，在20世纪80年代初生产的色黄皮薄、味道鲜美的新产品腐竹皮，颇受市民欢迎。位于解放大道上的江岸酱品厂生产的日升牌酱油、黎明牌陈醋，都是驰名大江南北的优质产品。那时的武汉人，购买江岸产食品，不仅能丰富生活，也能通过日升、黎明感受汉字的美好。

三米厂房旧址

京汉迢迢鸟道通
骤于奔电疾于风

5 京汉铁路和工人大罢工

京汉铁路在汉口市区内有玉带门、循礼门、大智门、江岸（刘家庙）4 个车站，其中循礼门、大智门、江岸（刘家庙）车站在江岸，江岸因此成为铁路工人最集中的地区。1923 年在中国共产党的领导下，爆发了震惊中外的“二七”铁路工人大罢工。

汉口火车站/大智门火车站

1902年始建的汉口火车站，是京汉铁路南段第一大站。因位于老城门大智门附近，又称大智门车站。自投入使用以来，该站一直是京汉铁路全线最为耀眼的亮点，也是当时亚洲最壮观、设备最先进的火车站。因为设计师和工程负责人都是法国人，站房便是法式风格的四堡式建筑，站房屋檐的站牌上有中文的“中国铁路总公司”，也有法文“京汉铁路大智门车站”字样。

“智门车站往京津，送客朝朝逐软尘。汽笛一声留不住，有人含泪拂罗巾。”这首描述智门车站送友人的竹枝词，就是大智门车站内经常出现的泪别亲友的民俗图。

自京汉铁路通车以来，大智门站外人烟稠密，商业繁荣。《汉口小志》曾如是描述：“繁盛极矣，为南北要道，水陆通衢，每届火车停开时候，百货骈臻，万商云集，下等劳动家藉挑抬营生者，咸麇集于此。”由于火车站毗邻法租界，铁路带来的诸多权利都被法租界当局攫取。其中从大智门火车站到粤汉码头，沿途旅馆林立，红利滚滚，更使汉口商人眼红不已。为了争夺商利，汉口商会曾强烈要求湖广总督张之洞把大智门车站移往他处，官方也确实为此开过好几次会议。然而修建铁路、建立车站都是大工程，怎么可能为了商利改道移站呢？即便是1949年后，该站之外的车站路，依然是日

大智门火车站

用百货、服装鞋帽、餐馆旅店和文化娱乐业聚集的商业街市。

大智门车站也是清王朝灭亡的见证。1911 年 10 月 10 日晚，武昌首义之时，湖广总督瑞澂急匆匆赶赴大智门车站，一幅老照片见证了这段历史。

1991 年 10 月，大智门车站的铁轨迁移到汉口新火车站——金家墩火车站。曾经的铁路线变身京汉大道，那栋满载着城市百年记忆的老车站，2001 年成为国家级重点文物保护单位。

江岸火车站/刘家庙车站

1898 年 4 月始建的江岸火车站，也称刘家庙车站，是武汉铁路枢纽的重要车站，由客场、调车场和货场三个组成部分。1906 年，京汉铁路全线通车时，由比利时公司管理，全站有一名站长，两名副站长。最初，京汉铁路沿线站点间的联系只能通过电报，能使用电报的车站只有前门、郑州和江岸三个站点，有电灯照明的只有长辛店、黄河南岸、郑州、江岸四个站点。由此可见该站在京汉铁路线上的地位。

该站的开通，让刘家庙附近人烟聚集，日趋繁华。1905 年，清政府为适应火车站点一带趋于繁华的实际情况，在拟定《汉口、武昌商埠建设计划》时，便围绕铁路线进行规划："于光绪三十一年（1905 年）设汉镇马路工程局，修筑大智门至玉带门一带马路，并拟扩充街、路直达江岸。"此处的江岸即指江岸火车站一带。1909 年，湖广总督陈夔龙又奏明清政府："先就京汉铁路南面一半上起硚口水电公司，下达刘家庙车站，长三十余里，计筑横马路五条，直路三十条。"由此可知，因为铁路，城市正以极快的速度扩张，1894 年前还是"草庐茅店，三五零星"的硚口至谌家矶一带，发展至后来，人烟已经相当密集，汉口市镇"形势一年一变，环镇寸土寸金"。

因为铁路，刘家庙一带成为汉口最大的移民居住地。首先，从福

江岸车站

建引入的铁路工人，在车站附近聚居形成福建街。其次，河南周口地区遭受天灾的大批回民，于1906年前后扒火车南下，在刘家庙搭盖窝棚，谋生定居，并吸引更多的河南回民迁徙至此，逐渐形成“河南棚子”“河南街”“河南后街”等聚居地。此外，江西、黄陂、孝感、大悟等地的居民也迁移至此。日月轮转，几代光阴之后，他们的后代成了地道的汉口人。所以，铁路的通车，直接导致了城市扩大和人口增多。

如果用更大的格局看铁路，还会发现：京汉铁路的全线贯通，改变了汉口在近代中国经济布局中的地位，汉口在长江流域中部不再充当横向传导者的角色，而纵向的铁路线不仅缩短了运输时间和距离，还极大地提升了运载力，从而更加有力地推动汉口商业贸易的发展。“京汉迢迢鸟道通，骤于奔电疾于风”，聪明睿智的商人们，迅速利用铁路交通，以汉口为枢纽，把湖南、湖北、河南、江西等省的农产品集散至全国各地。所以“汉口贸易额占全国通商口岸之第二位，皆此铁路之力”。

新中国成立后，政府增建黄浦路货场，使该站货运能力及运量成倍增长，成为武汉地区最大的铁路货运站。1991年汉口火车站变更新线路，1999年江岸车站淡出历史舞台。

铁路曾是城郊分界线

京汉铁路沿线有几个地名称为滑坡，何以称为滑坡？在修建京汉铁路时，为保证铁路路基的坚固，防止水患影响路基，施工时会用石块砌筑护坡以抬高路基，使路基高于地面 6 ~ 8 米，这个从地面到路基的护坡被称为“滑坡”。

永清街及芦沟桥路附近的中山大道北段，京广铁路（今京汉大道）西侧，有滑坡前街和滑坡后街。滑坡前街几乎是和京汉铁路的修筑同步出现的，房屋多依路基修建。滑坡后街形成于 20 世纪 30 年代，为片状居民区。

汉口历史上，“滑坡”是一道分界线，它把市区的繁华与市郊的破败、混乱不堪区别开来。老一辈的汉口人，都有铁路内和铁路外的概念，铁路内是真正的汉口市区。直到 20 世纪 80 年代，这道分界线仍然存在。夏季的汉口，铁路内没有蚊虫，居民睡在户外的竹床上，可看满天繁星，孩子们在老人讲述的故事中安然入睡，而铁路外的晚上，天空中是成堆飞舞的蚊虫。难道铁路线划出了“生物种类线”？当然不是。原因在于，铁路内的原租界区、原模范区的管理者，非常重视下水道设施的维护和各项卫生设备的添置，夏天经常进行卫生消毒。长此以往，铁路内的居民养成了良好的卫生习惯，铁路外的大片棚户区，卫生设施和下水道设施不如老城区，卫生习惯也有待改进，加之通过填平湖塘和泥沼取得的土地，也是蚊蝇滋生之地，蚊蝇乱飞便是当然的了。

但我们不能忽略的是，汉口城区的扩大，汉口城市的发展，都是从滑坡上的这道铁路线开始向北辐射的。

京汉铁路工人大罢工

1922 年 1 月—1923 年 2 月，在中国劳动组合书记部的领导下，中国工人运动风起云涌，其中京汉铁路工人大罢工震惊全国。

1922 年 1 月 22 日，江岸工人俱乐部在刘家庙老君殿成立，大会选出杨德甫、林祥谦、曾玉良、黄桂荣等人为俱乐部干事，聘请劳工律师施洋为俱乐部法律顾问。同年，京汉铁路沿线倡议成立总工会，杨德甫当选筹备主任。1923 年 1 月 5 日，京汉铁路总工会筹备会议在郑州召开，会议决定 2 月 1 日在郑州召开成立大会。

1 月底，沿线各地代表陆续汇集郑州，江岸工人代表在林祥谦的率领下也到达郑州。中共中央对这次会议非常重视，派出张国焘、陈潭秋、罗章龙、包惠僧、林育南等人出席大会。但郑州警察局却禁止大会举行，1 月 30 日，李震瀛、凌楚藩、杨德甫等工人代表到洛阳面见吴佩孚，强调京汉铁路总工会召开成立大会是合法的，但吴佩孚不为所动。

2 月 1 日清晨，“郑州全埠紧急戒严，军警荷枪实弹，沿街排列，商店闭门，行人断绝” 。但京汉铁路各站区代表 430 多人和郑州铁路工人 1000 多人，以军乐前导，从五洲大旅馆整队出发，代表们抬着各地赠送的匾额，武汉代表抬着湖北各工团赠送的“赤焰辉煌”“劳工万岁”“众志成城”“前途胜利”等牌匾，浩浩荡荡向普乐园会场行进。工人们进入会场后，李震瀛登上讲台，高声宣布京汉铁路总工会成立。然而军警却驱赶会议代表，强行解散会议，并破坏总工会和郑州分会会所。

当晚，京汉铁路总工会执行委员会秘密召开会议，决定将总工会临时总办公处转移到江岸，从 2 月 4 日起举行全路总同盟罢工，届时由李震瀛、杨德甫等主要领导人在江岸指挥全局，林祥谦、曾玉良负责在江岸执行总工会的命令。于是，林祥谦等人速回江岸，筹备大罢工事宜。2 日晚，京汉铁路总工会负责人到达江岸，江岸正式成为京

天生江岸　一脉风华

这就是江岸

江岸风华

JIANG'AN FENGHUA

天 生 江 岸　一 脉 风 华
这就是江岸

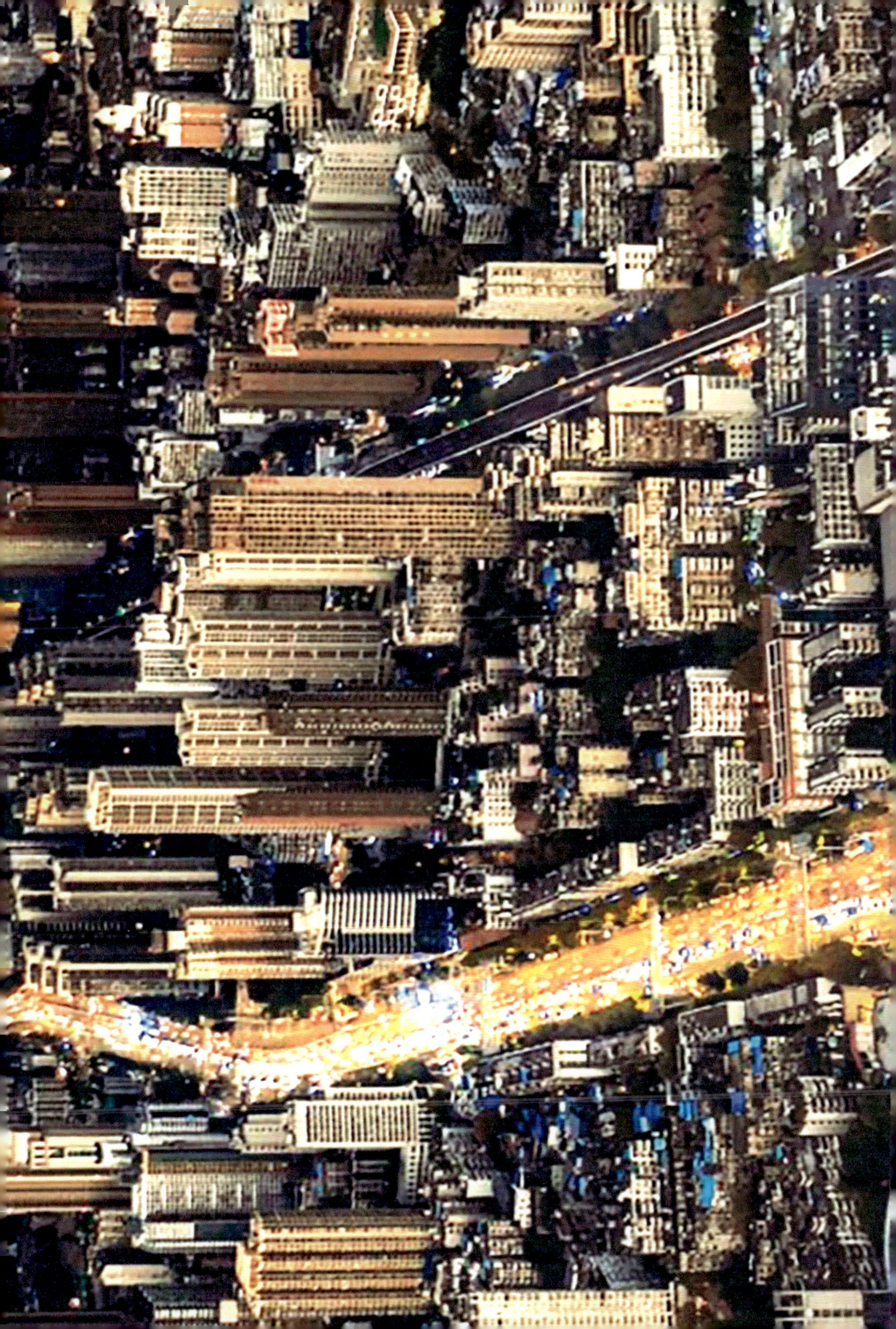

汉铁路总同盟罢工的中心，江岸分工会成为京汉铁路南段罢工斗争指挥部。

2月4日上午9时，林祥谦接到总工会“耳聋眼瞎，无食可求”的密令，立即下令罢工。机厂锅炉工黄正兴奋力拉响指挥罢工的汽笛，京汉铁路大罢工开始了，京汉铁路全线瞬间瘫痪。总工会随即发表宣言，提出撤销京汉铁路局局长赵继贤等人的职务，赔偿工会损失，归还工会物品，休息日照发工资及派员道歉等条件，吴佩孚未答复。6日上午，武汉三镇各界代表，高举“支援京汉铁路工人兄弟”的大旗奔向江岸，在总工会门前召开慰问大会。会后举行大规模游行，游行队伍“由江岸经过租界抵华界，历时二小时许，沿途加入三千余人，所过商民多高呼欢迎，巡捕岗警无敢阻拦……”

6日下午，吴佩孚密电萧耀南“以武力对待”罢工。上海《申报》在2月8日4版刊登东方通讯社于6日从汉口发来的专电《京汉路工潮益烈》，报道京汉铁路罢工工人组织决死队，在刘家庙附近破坏轨道数十条，并与武装军警起冲突的新闻。

7日下午5时左右，汉口镇守使署派参谋长张厚生率两营士兵包围江岸分工会，向工人开枪，包括工人纠察团副团长曾玉良在内的32名工人壮烈牺牲。当晚，林祥谦被捕，被捆绑于江岸车站站台的电线杆上。张厚生提着马灯，照着林祥谦的脸，威逼他下达复工令，被断然拒绝。张厚生便令刽子手朝林祥谦左、右臂各砍一刀，狂叫：“到底上不上工？”林祥谦忍痛大呼：“上工要总工会下命令，我的头可断，工是不上的。”林祥谦先后被砍七刀，血流遍体，壮烈牺牲，年仅31岁，劳工律师施洋也以“煽动工潮”罪名被捕，慷慨就义，是为“二七惨案”。为了避免更大的牺牲，京汉铁路总工会发出紧急通告，下达“忍痛复工”的命令。

京汉铁路工人大罢工是中国共产党领导的第一次工人运动高潮的顶点，是中国工人运动史上悲壮的一页。1957年和1975年，武汉市先后筹建两处二七烈士纪念馆，竖立了二七烈士纪念碑，碑身正面镌刻着毛主席题写的“二七烈士纪念碑”几个大字。1982年底，又在江岸车站老站台处的灰色砖瓦房墙上镶嵌带有“林祥谦烈士就义处”几个大字的大理石碑，二七大罢工60周年时，林祥谦烈士的全身塑像摆放在了烈士就义处附近。

茫茫九派流中国

沉沉一线穿南北

大革命时期的武汉

6

1924年1月，中国国民党第一次全国代表大会在广州召开，以国共合作为基础的国民革命兴起。1926年7月，国民革命军开始北伐，10月10日攻克武汉三镇后，国民党中央党部和国民政府迁往武汉。从1927年4月至7月，蒋介石和汪精卫先后“清共”，国共合作破裂。这一重要时期，有诸多重大事件发生在江岸。

刘少奇和全省工人运动

北伐军攻占武汉三镇后，中华全国总工会（简称全总）拟在汉口设立办事处，委任李立三为办事处主任、刘少奇为秘书长。1926 年 10 月 21 日，刘少奇与夫人何宝珍从广州赶到武汉。

当时，全总办事处设在友益街 16 号湖北省总工会院内。为便于工作，刘少奇夫妇住进斜对面的尚德里 2 号，从此，这里便成了省总工会第二办公地，外地和三镇基层工会负责人和工友经常来这里找刘少奇。1926 年 12 月 26—28 日，刘少奇在这里撰写了《工会代表会》《工会经济问题》《工会基本组织》三篇论著，在中国工会建设史上第一次完整、明确阐述了工会的性质、任务和组织原则等问题。

北伐军进入武汉后，英租界当局如临大敌，在租界四周遍布电网沙袋，令英水兵和义勇队轮流布防，并调遣军舰来汉。在这种情况下，英水兵和武汉工人群众不断发生冲突。11 月 26 日，英领事还纠合外国领事团向武汉国民政府提出抗议，要求取缔武汉工人运动。为打击英租界的嚣张气焰，12 月 26 日，刘少奇和李立三、董必武等人一起，组织各界人士 30 万人在济生三马路举行反英示威大会并发出宣言，要求国

刘少奇旧居

民政府立即收回英租界，从而拉开了收回汉口英租界的序幕。

1927 年 3 月，刘少奇夫妇的第二个孩子刘爱琴在尚德里出生。7 月上旬，国共合作面临破裂，白色恐怖开始蔓延。中国共产党遂安排在武汉暴露身份的领导人疏散隐蔽，刘少奇夫妇被安排到庐山。考虑到形势险恶，刘少奇夫妇把出生 4 个月的女儿送给汉口一位工人收养。1938 年才在周恩来的帮助下找到刘爱琴。

1958 年 11 月 21—12 月 10 日，中共中央政治局扩大会议和中共八届六中全会在武昌召开。刘少奇在汉出席会议期间，专门过江重访友益街 16 号和尚德里 2 号。1982 年，尚德里成为武汉市文物保护单位，尚德里 2 号（今 4 号）门口挂有“刘少奇同志旧居”保护牌。

瞿秋白在武汉

1927 年 3 月，中共中央大部分机关已由上海迁至汉口旧俄租界，中宣部设在辅义里 27 号。中共领导人瞿秋白来到武汉后，也住进辅义里 27 号。

此时，两湖工农运动风起云涌，但党内对农民运动有支持和反对两种声音，瞿秋白支持毛泽东的正确主张。4 月初，瞿秋白读了毛泽东撰写的《湖南农民运动考察报告》后，为报告写下热情洋溢的序言，称赞毛泽东是“湖南农民之王”，并让人把序言和报告一起送到长江书店出版发行，使之广为传播。

4 月 27 日，中共中央在武汉召开第五次全国代表大会。会议之前，瞿秋白就针对陈独秀、彭述之等人的右倾错误理论和政策，写有《中国革命中之争论问题》一书，着重论述了无产阶级同资产阶级争夺领导权等问题。

会议期间，瞿秋白与党内右倾机会主义进行顽强斗争。据瞿秋白夫人杨之华回忆，开会时坐在她身边的恽代英，一边翻阅《中国革命中

汉口中共中央宣传部旧址暨瞿秋白旧居陈列馆

之争论问题》，一边指着扉页上的副标题“第三国际还是第零国际？——中国革命中之孟塞维克主义”，笑着对杨之华说：“这个标题写得好，写得尖锐。”见杨之华在认真听，恽代英接着说：“目录上的五大问题也提得明确。中国革命么？谁革谁的命？谁能领导革命？如何去争领导？领导的人怎样？问得实在好！”

当时，虽然中国共产党已经成立6年了，但需要解决的问题实在太多太棘手。四一二反革命政变后，武汉形势逆转，一片白色恐怖。此时瞿秋白的身体状况相当糟糕，发烧咯血，被迫到庐山休养。7月21日，七一五宁汉合流的消息传到庐山，瞿秋白不顾健康状况，立即启程返回武汉，继续主持中央工作，审查并批准了周恩来、恽代英等人关于举行八一南昌起义的建议和计划。虽然南昌起义失败了，但打响了武装反抗国民党反动派的第一枪，揭开了中共独立领导武装斗争和创建革命军队的序幕。

8月7日，瞿秋白在三教街41号（今鄱阳街139号）主持召开党中央紧急会议。会议批判了以陈独秀为首的党内右倾机会主义路线，撤销其总书记职务，选举了以瞿秋白为首的临时中央政治局，增补毛泽东为中央政治局候补委员，确定了武装斗争和土地革命的重要方针，并发表《中共八七会议告全体党员书》等诸多重要文件。

八七会议后不久，瞿秋白乘日本轮船，随党中央返回上海。

陈独秀和中共中央迁汉

1927年4月10日，中共中央第一至第五届总书记陈独秀从上海到汉口，住进四民街（今胜利街）61号。陈独秀到汉，标志着中共中央及全部机关迁至汉口。由于汉口住房紧张，陈独秀的住所也是总书记的办公室。

陈独秀到汉后，不停地主持召开和参加各种会议。其中4月16—20日的中共中央会议，重点讨论当时的革命方向问题，是继续北伐扩大革命，还是向东南深入革命。由于党内对革命发展方向的意见不统一，导致每次会议都众说纷纭，难以协调一致。四一二反革命政变后，武汉局势发生变化，中共中央处在错综复杂、危机四伏的局面中。

4月27日至5月9日，中共第五次代表大会在汉召开。陈独秀

武汉中共中央机关旧址

在会上作了长达6个小时的《政治与组织报告》，报告涉及中国各阶级关系、土地、无产阶级领导权、军事、国共两党关系等11个问题。报告还在进行中，要求发言的就有瞿秋白、任弼时、周恩来、毛泽东、蔡和森等38人。他们对“放弃革命领导权”“不实行土地革命”等问题提出严厉批评。

7月4日，中共中央召开政治局扩大会议，陈独秀在会上提出三条道路：脱离国民党并执行独立的政策；实行退却，以便留在国民党内；执行自己的政策，但留在国民党内。然而这三条路都不符合共产国际的指示精神，也行不通。这次会上，毛泽东提出了农民武装可以“上山”或加入到同党有联系的军队中去，以保存革命力量。这一正确主张也未引起陈独秀的注意。

7月12日，中共中央成立由张国焘、张太雷、李维汉、李立三、周恩来组成的临时中央政治局。8月7日，中共中央在汉召开秘密会议，即八七会议。陈独秀未能出席这次会议。9月10日（阴历八月十五日），陈独秀秘密登上英国“公和”号轮船返回上海。

八七会议

1927年7月，汪精卫集团公开背叛革命，大批共产党人和爱国人士在余记里后空坪（今黄石路中学操场）、丹凤街（今江汉二路）、武汉关江边及中山大道渣甸路口（今解放公园路）英勇就义，武汉处于白色恐怖之中。在中国革命的危急关头，中共中央为总结经验教训，纠正右倾机会主义错误，确定今后的斗争方针和任务，于8月7日在原俄租界三教街41号（今鄱阳街139号）召开紧急会议，即八七会议。出席会议的有部分中央委员、候补中央委员及中央机关、共青团中央、地方代表和共产国际代表21人。会议由瞿秋白、李维汉主持，由于环境险恶，为安全起见，会议只开了一天。

共产国际代表罗明纳兹在会上作了关于《党的过去错误及新的路线》的报告，接着，瞿秋白代表中央常委就党的任务和工作方向问题作了报告。毛泽东在发言中从国共合作、农民问题、军事问题和党的组织四个方面批评了陈独秀的右倾错误，毛泽东说：“以后要非常注意军事，须知政权是由枪杆子中取得的。”这个论断提出了以军事斗争作为党的工作重心的问题。会议通过了《中国共产党中央执行委员会告全党党员书》《最近农民斗争的议决案》《最近职工运动议决案》《党的组织问题议决案》等。

八七会议会址

会议撤销了陈独秀的总书记职务，选举了新的临时中央政治局，选举瞿秋白、李维汉、苏兆征为政治局常委，由瞿秋白主持中央工作，并决定设立中共中央北方局、南方局和长江局。毛泽东当选为中共中央临时政治局候补委员。

八七会议分析了当时的革命形势，确定了实行土地革命和武装反抗国民党的总方针，使全党在白色恐怖中清醒过来，重新鼓起与国民党斗争的勇气，为挽救党和革命作出巨大贡献。中国革命从此开始由大革命失败到土地革命战争兴起的历史性转变。

八七会议结束后，瞿秋白征求毛泽东的意见，希望他到上海中央机关去工作。但毛泽东回答：我不愿去住高楼大厦，我要上山结交绿林朋友。随即毛泽东以中央特派员的身份回湖南，于 1927 年 9 月 9 日发动和领导了湘赣边界秋收起义。

向警予和《大江》报

1927年7月，中国共产党被迫转入地下。8月底，一种油印小报悄然在三镇的工厂区城和偏僻小巷出现，这就是当时中共湖北省委的机关报《大江》。该报编辑部设在法租界如寿里的省委宣传部机关内，该报的内容有武汉工农群众生活和斗争情况的通讯，有全国各地革命斗争消息，还有政治短论、短评、诗歌小调等形式多样的文章。

11月下旬，湖北省委改组，向警予任省委宣传科长兼《大江》报主笔，该报随即迁至向警予的租住地法租界三德里96号。当时，和向警予同住的是交通员陈桓乔，她俩扮作大姑姊和弟媳。为了写作方便，向警予住在比较隐蔽的后房。《大江》报办得很活跃，仅据1928年2—3月的10余张报纸记载：有揭露帝国主义侵略和国民党政府出卖民族利益的消息报道，有军阀混战的消息报道，有国民党财政状况的报道，有启发士兵阶级觉悟的《兵士三字经》，有声讨残酷镇压人民的《屠夫歌》，有全国各地红军战斗和建立苏维埃政权的消息报道，等等。

《大江》报在白色恐怖的惊涛骇浪中发行。1928年1月，湖北省委准备举行年关暴动，但党的秘密印刷厂被敌破坏，《大江》报暂时停刊。2月7日是京汉铁路工人大罢工五周年纪念日，《大江》报以“二七纪念，大江复活特刊”为题复刊，向警予亲自撰写《大江复活与纪念“二七”》一文，她在文中热情洋溢地写道：“爱《大江》的朋友……大江愿做你们的伴侣，和你们永久共甘苦、同生死！《大江》愿做你们的明灯，在黑夜中照着你们走上光明的大路！《大江》愿做你们的后台，替你们细诉冤苦，在湖北的鬼世

向警予

界里发出工农阶级的正义之声！”

向警予故居

正当《大江》连续出版，办得蒸蒸日上之际，湖北省委及武汉三镇各级党组织遭到空前的连续破坏。1928 年 8 月，三德里 96 号被敌侦知，向警予被捕，关押进设在裕润里的监狱中，后在余记里空坪壮烈牺牲。为《大江》报刻钢板的李浩琪、秘密交通员张培鑫也英勇牺牲。

向警予故居，当年的三德里 96 号，即今天的 27 号，在 1988 年 12 月 5 日被武汉市人民政府公布为武汉市文保单位，外墙上挂有故居匾额。

多情最是卢沟月
犹照英雄肝胆鲜

7 武汉抗战

1937 年下半年，国民党党政军各重要机关先后迁至武汉，武汉成为全民族抗战中心。为抗击日本侵略者，国共两党进行第二次合作并达成协议，组建八路军和新四军。在全民族抗战大势下，武汉弥漫着爱国热情和英雄之气。在江岸一域，发生了很多惊天动地的重大事件。

八路军武汉办事处在汉成立

1937 年 8 月，国共两党达成协议，将红军主力改编成国民革命军第八路军。10 月，在今民意一路安仁里 1 号筹建八路军武汉办事处（以下简称“八办”）。12 月，原日租界中街日商大石洋行（今长春街57号）作为逆产被国民政府没收，八路军武汉办事处随即迁入，中共中央长江局也秘密设于此地。“八办”成为中共在国民党统治区与八路军、新四军联络的中枢。

1937 年 12 月到 1938 年 10 月，“八办”的重要任务是按照国共双方达成的协议，按月到国民政府军需署领饷，到军工署领取枪支弹药、服装、通信器材及其他物资，到卫生署领取药品和医疗器械等，并到交通部门联系车辆，把所领物资送往延安和八路军、新四军各部。

这一时期，周恩来、王明、董必武、秦邦宪、叶剑英等在这里领导长江局和“八办”人员，广泛开展抗日宣传，动员人民参加抗日斗争，同时，也热情地向国内外各界人士阐明中国共产党的主张，宣传八路军、新四军在前线抗击日军的英勇事迹。

八路军武汉办事处

1938 年 2 月 8 日，在炮火中诞生的孩子剧团到汉口培心善堂安定后，周恩来派大卡车把孩子们接到“八办”举行欢迎会。为迎接小客人，办公楼的墙面上贴着“小孩子、大孩子联合打倒日本帝国主义”“小孩子英勇的精神是大孩子的榜样”等标语。

在当年7月的“献金”大潮中，长江局和“八办”组成“中共献金团”，“八办”全体人员都捐献了一个月津贴，董必武、邓颖超、吴玉章、秦邦宪等人则捐出7月份参政员的薪金。中共中央委托“中共献金团”将6月份的党费拨出1000元，以帮助抗战军人、军属及受伤将士。不仅如此，“八办”还输送近千名青年学生和工农群众奔赴延安。

“八办”的这些活动，被在汉的荷兰著名电影艺术家约里斯·伊文思拍摄成纪录片《四万万人民》（又名《1938年的中国》）。在这部影片中，我们看到了周恩来、林伯渠、董必武、叶剑英参加献金活动和中国人民万众一心坚决抗日的珍贵镜头。约里斯·伊文思还把一台埃姆35毫米的电影摄影机和2000英尺电影负片，通过“八办”赠送给赴延安拍电影的中国同行吴印咸。1938年10月25日，“八办”人员撤离汉口。

1944年美国飞机轰炸日租界，大石洋行被炸毁。1978年按原貌重建，翌年辟有纪念馆，现为全国重点文物保护单位。

新四军军部在汉成立

1937年卢沟桥事变后，为抗击日本侵略者，中共中央令周恩来通过叶挺找到国民党第三战区前敌总指挥陈诚，提出将南方八省坚持游击战争的红军和游击队，整编为国民革命军陆军新编第四军（简称“新四军”），共同抗日。蒋介石接受了中共提出的改编方案，9月28日国民政府军事委员会铨叙厅发出通报：任命叶挺为新编第四军军长。10月底，中共中央确定项英为新四军副军长。

11月12日，叶挺依据毛泽东致博古“（新四）军（部）暂驻武汉，南昌、福州设办事处”的电文指示，在汉口正式筹建新四军军部，开展有关军需、军医各个方面的交涉联络工作。12月23日，项英和新

汉口新四军军部

四军参谋处长赖传珠等一批军事干部到达汉口。25日，新四军军部在大和街26号（今胜利街332—352号）正式成立。

当晚，中共代表团和长江局在八路军驻武汉办事处召开第一次联席会议。会议决定：项英的主要工作放在军队方面，各地游击队应迅速集中；长江局参谋长叶剑英研究拟定新四军作战方案；长江局参谋处下设军务组，专司新四军工作和游击队、军火、扩大武装之责，等等。通过周恩来、董必武、叶剑英等人不遗余力地频繁奔走，艰难交涉，最终达到了不让国民党插入一人，又在伙食、被服、枪械、经费各方面都有较大收获的目的。12月26日，新四军领到第一笔开办费5万元，全体干部换上了深灰色的新四军制服。

1938年1月4日，项英率军部大部分人员离汉去南昌，以便指挥部队迅速开赴敌后，1月下旬叶挺离汉赴南昌。1月28—29日，《新华日报》头版刊登《陆军新编第四军司令部关于军部移驻南昌的启事》：“本军奉命即行整编出发，军部当即移驻南昌。前汉口大和街念六号军部即行结束。以后驻汉办事处事宜，委托八路军驻汉办事处钱处长代办。”

2006年新四军军部按原貌整修后，辟为纪念馆，现为全国重点文物保护单位。

战时儿童保育会

抗日战争爆发后，中国战区出现一批战争遗孤。为抢救战区难童，1938年1月24日，在汉知名人士方振武、沈钧儒、郭沫若、邓颖超等人在黎黄陂路汉口青年会集会，提出联络各党各派人士，成立战时儿童保育会，抢救战区难童。倡议得到各界人士热烈响应。

3月10日，战时儿童保育会成立大会在圣罗以女子中学（今武汉市第二十中学）召开，宋美龄在会上致辞：“妇女参加抗战是世界一致赞美的，妇女具有教育儿童的责任，要把他们培养成国家的栋梁。”会上，宋美龄当选理事长，李德全当选副理事长，邓颖超、史良等为常务理事，沈滋九、安娥、刘清扬、郭秀仪等51人当选为理事。会议决定，请国民政府各省主席夫人担任各地战时儿童保育会负责人。保育会办公地点设在汉口基督教女青年会内。

5月1日，在汉口同仁医院成立第一儿童保育院，该院首批接纳了500名从各地来汉的难童。经保育会工作人员的努力，难童们一批一批来到武汉。1938年4月4日，邓颖超挥笔写下：“保育儿童，是丰富伟大的事业，不仅要救济与教育儿童，尤其要以坚毅的精神，培养儿童，成为建设新中国的主人。”到汉的难童，被保育会编成若干小队，由受过专业训练的保育员教给他们知识，给他们作时事报告，讲抗日救亡的道理，教给他们做人的准则和团结互助的精神。孩子们努力学习演剧、演讲、歌咏等宣传技能，以便尽快参加抗日救亡运动。不久，孩子们就活跃起来，在三镇街头演出、募捐，到伤兵医院宣传、慰问，并出色地完成了“卅万封慰劳信运动”“募集寒衣运动”等任务。

在各方关心支持下，江西、广东、四川、安徽、贵州、浙江、湖南、河南及陕甘宁边区等地都成立了分会。重庆、成都、广西等地设立了 11 所保育院，宜昌、信阳等地设立了难童接运站，成千上万的难童由战区安全转移到武汉，再由武汉转移至各地。仅汉口第一儿童保育院，4 个月的时间就收容了 6000 多名难童，其中 5000 名难童分送至重庆、成都、桂林等后方，为中华民族和新中国的建设保留了大批有生力量。1938 年 10 月，战时儿童保育会迁移到重庆。

中国电影制片厂——抗战影片基地

七七事变后，位于杨森公馆内的中国电影制片厂成为中国抗战电影制作的重要基地。在 15 个月的时间里，该厂制作了 3 部故事片、50 余部纪录片、新闻片和卡通歌曲集。

该制片厂负责人郑用之（1902—1983），四川自贡人。1933 年 8 月，奉蒋介石之命，组建国民政府军委会电影股。1935 年春，郑用之从南昌来到武汉，产生建立电影制片厂的想法，得到武昌行营主任张学良的支持，张学良遂按月拨付 5000 元给其订购拍摄有声电影的各类设备器材。1936 年初春，郑用之看中了杨森公馆和杨森花园。杨森听说是为抗战建立制片厂，遂以每年 1 块银圆的价格把公馆和花园一并租给了郑用之。不久，汉口电影制片厂就在杨森公馆成立，郑用之在公馆左边的空地上搭起摄影棚，在摄影棚左侧又搭建起宽大的练习舞台，以排演话剧、训练演员。在此排演的曹禺名剧《雷雨》，在光明大戏院公演后轰动三镇，被武汉报界评定为汉口开埠以来话剧演出的空前盛举。

1937 年 7 月 9 日上午，蒋介石在庐山中央军官训练团集会上，号召全国上下不分党派政见，实行全民抗战，郑用之负责这次会议的摄影和录音工作。他回到汉口后，即把汉口电影制片厂更名为中国电影制片厂，并派出5个摄影组分赴抗敌前线，他自己则率一个摄影组前往卢沟桥等地。《抗战特辑》第一集（4本）就是卢沟桥事变后中国军队抗战动态的纪录片。

“八一三”淞沪抗战后，撤退至汉口的全国电影界爱国人士云集杨森公馆，全国电影界精英集于一炉，在新闻、纪录片的摄制方面成果丰硕，连续发行多集反映日军暴行和民众抗战的《电影新闻》。《抗战特辑》第二集（5本）中的《八路军平型关大捷》，由摄影师罗及之拍摄。平型关战役前，罗及之正在西北一带，获悉八路军将在平型关伏击日军消息后，他迅速赶赴前线，从八路军整装出发开始拍摄，拍摄有八路军翻山越岭、在平型关伏击日军及缴获战利品等全部实况。为迅速将这一战果重现银幕，罗及之昼夜兼程赶回武汉。该纪录片不久就在武汉和全国公映。

1938年1月至10月，制片厂拍摄了3部抗战故事片，分别是:《保卫我们的土地》，1938年2月拍摄完成，影片第一次从普通民众的生活层面，把侵略与反侵略的现实场面呈现在观众面前;《热血忠魂》，以揭露日军侵略行径，描写军人爱国精神为主线。该片拷贝运至美国后，在纽约罗斯福大戏院连映40余天，创下国产故事片在国外电影院上映的先河；《八百壮士》，再现1937年11月扼守苏州河北岸四行仓库的数百名中国官兵，在副团长谢晋元率领下，与日军浴血苦战四昼夜的壮举。影片记录了上海各界纷纷募集物资以及女童子军杨慧敏冒死为壮士们送国旗的动人场面。为显示中国军队的威力，有些场景在汉口摄影棚中搭建，并从武汉警备总部警备旅中挑选健儿参加演出。该片公映后好评如潮，在菲律宾、缅甸、法国、瑞士上映，均引起轰动。直到1996年，该片还被评为中国反法西斯战争的优秀影片。

影片厂还拍摄有3集《抗战特辑》、5集《电影新闻》、1集《抗战标语卡通》、4集《抗战歌集》及多部短纪录片。《抗战特辑》第三集（5本）记录了1937年11—12月的抗战动态，第四集（6本）记录了台儿庄战役的胜利和武汉人民的庆祝游行，第五集（11本）

是抗战一周年纪念号。当时正是保卫大武汉的严峻时期，影片回溯了“八一三”淞沪抗战、南京失陷、津浦铁路沿线的战斗和国民参政会的召开等几次战役和重大事件，记录了火炬游行、献金运动、阵亡将士纪念碑奠基典礼等活动实况。

《抗战特辑》在国际上影响很大。其中广州大轰炸、中国空军汉口歼灭日机、中国空军远征日本等内容，为美国影片公司新闻片选用；在英国上映后，很多观众积极捐献钱物支援中国抗战；在日内瓦世界禁毒会议上映时，有关中国接管汉口日租界后破获日商制毒机关的新闻镜头，引起与会代表的关注和强烈抨击。

制片厂还剪辑多个和武汉相关的纪录短片，如悼念郝梦龄的《郝军长哀荣录》，武汉伤兵重上前线的《精忠报国》，汉口天主教徒祈祷抗战胜利的《天主教大弥撒》，武汉人民纪念抗战胜利一周年的《七七抗战周年纪念》，中国空军远征日本的《中国空军长征日本》以及《武汉大会战》。这些新闻纪录片和宣传片，都是当时拍摄制作质量最高的。

1938 年 9 月，全体演职人员将制片厂全部器材通过水路运至重庆，在纯阳洞重建片场。

抗日话剧《塞上风云》轰动三镇

抗战时期，武汉成为战时首都，大批文艺界著名人物来到武汉。其中阳翰笙和赵丹等人合作，在天声剧场拉开了抗战话剧的序幕。

1937 年秋，奉中共长江局之命建立戏剧界抗日统一战线的阳翰笙，在汉口街头遇见和上海剧人协会一起来汉的著名演员赵丹。赵丹很想演一出抗战话剧，但苦于无剧本。见到阳翰笙，赵丹就希望他为自己写一个剧本，可阳翰笙很忙。赵丹知道阳翰笙在南京监狱中写过名为《塞上风云》的电影剧本，就希望阳翰笙把它改编成话剧，阳翰笙同意了，赵丹便将阳翰笙接到剧团住地，为了保障阳翰笙写剧本的时间，赵丹和魏鹤龄轮流把门，谢绝来客。不受打扰的阳翰笙，用半个月的时间完成了抗战时期第一部反映各民族团结抗日的话剧《塞上风云》剧本。该剧由洪深导演，赵丹、舒绣文主演，1937 年 11 月 25 日在天声剧场首演，轰动三镇。

赵丹

《塞上风云》的故事梗概是：九一八事变后，辽宁省的汉族青年丁世雄随父亲来到草原。他思念被铁蹄践踏的故乡，怀念水深火热中的亲人。蒙古族女儿金花同情丁世雄，经常给他帮助，却被恋人迪鲁瓦误会。在内蒙古潜伏的日本特务看到这种情况，意图在迪鲁瓦和丁世雄之间制造民族纠纷。金花的哥哥郎桑识破日本特务的阴谋后，被日本特务抓走。恰巧这个过程被迪鲁瓦的妹妹发现，她不顾个人安危，向蒙古王府的保安队揭露了日本特务的阴谋诡计，痛说团结抗日的大义，争取保安队倒戈。真相大白，迪鲁瓦与丁世雄握手言和，共同组织由蒙汉人民组成的抗日锄奸自卫队，向日本特务发起进攻。金花在战斗中牺牲，倒地之时，她看到迪鲁瓦和丁世雄并肩走在抗日的战斗行列中。

《塞上风云》的背景不是武汉，但它在武汉创作并首演，谱写的是抗战的民族正气歌，展示的是中国民众的抗日决心与力量，是中国话剧创作中不可多得的佳作。加上赵丹、舒绣文等演员精湛的演出，该剧成为全国各剧团久演不衰的剧目。因此，文艺界称赞阳翰笙“烽火梨园百千姿，润色河山笔未疲”。

《塞上风云》之后，汉口的抗战戏剧舞台一片灿烂，《保卫卢沟桥》《最后的胜利》《火海中的孤军》等大批话、京、汉、评、楚、豫等剧目，在汉口舞台上竞相演出。

1938年的抗战地名

1937年7月，国民政府收回汉口日租界。时值抗战初期，战争形势异常严峻。为了牢记日本侵略中国的罪恶行径，为了纪念英勇牺牲的抗日英雄，武汉国民政府决定把刚收回的日租界内的13条路名全部更换成抗战路名。更名原则是：大事为街名，人物为路名。

1938年，以大事为街名 东小路更名为五三街：1928年5月3日，日军第六师团在山东济南制造了震惊中外的“五三”惨案。当日，日军炮轰济南西门南顺城街，致中国军民死伤6123人，惨无人道的日军还将伤亡的济南市民1900余人扔入滔滔黄河。

平和街更名为九一八街：1931年9月18日，日本关东军铁道守备队炸毁沈阳南满铁路路轨并栽赃给中国守军，还以此为借口疯狂进攻中国军队，制造了震惊中外的九一八事变。由于张学良奉行不抵抗政策，该事变后不到半年，东三省便全部沦陷。

中街更名为一二八街：1932年1月28日夜间，日军突然攻击驻上海闸北一带的中国守军。国民党19路军奋起抵抗，激烈交战一个月后，在英、美、法等国的压力下，国民政府被迫与日本签订《淞沪停战协定》，19路军被迫撤离上海。

西小路更名为七七街：1937年7月7日夜，日军在北平中国军队驻地附近进行所谓军事演习，并诡称一名日军士兵失踪，要求进入宛平县城（今卢沟桥镇）搜查，遭到中国军队拒绝，遂悍然攻击中国军队，制造七七事变（又称卢沟桥事变）。国民党29军团奋起还击，抗日战争全面爆发。

大和街更名为八一三街：8月13日，驻上海日军以租界和黄浦江中军舰为基地，炮击闸北一带中国守军。忍无可忍的中国政府发出《自卫抗战声明书》，震惊世界的淞沪会战由此开始。由于中国军队英勇作战，日本侵华的战略重心从华北延伸到华中，形成华北、华中两个战场，日本正式开始全面侵华战争。

上述 5 条街名，牵起了日军在山东济南制造“五三惨案”到中国军队“八一三”淞沪抗战的全过程，记述的是日本侵略者肆意践踏中国土地，一步步侵犯中国的主权和独立，企图奴役中国人民的罪恶行径，同时，描绘了中国军民忍无可忍，最终奋起反抗、万众一心的全景图。

1938 年，以大事为路名　还有三件大事成为路名，分别是卢沟桥路、虹桥路和台儿庄路。

山崎街更名为卢沟桥路：卢沟桥事变和七七事变是同一件事情，为什么命名了七七街，又命名卢沟桥路呢？原因在于命名者把七七事变和卢沟桥中国守军的奋起抵抗分开了。前者记录的是日军对中国军队的进攻，后者记录的是中国军队的英勇反抗。

大正街更名为虹桥路：1937 年 8 月 9 日，守卫上海虹桥机场的中国宪兵与强行进入虹桥机场的两名日军发生冲突，两名日军在中国士兵鸣枪后逃跑，途中被中国宪兵击毙。日军认为击毙两名日本军人是中国政府的有意挑衅，遂于 8 月 13 日大举进攻上海。虹桥事件因此成为“八一三”淞沪会战的导火索。

成忠街更名为台儿庄路：1938 年 3 月，三万装备精良的日军直攻台儿庄，意欲打开进入徐州的通道。国民党军孙连仲、汤恩伯两部近 10 个师约 10 万人全力阻止日军。从 3 月 23 日至 4 月 8 日，中国军队在台儿庄方圆不足 50 公里的范围内，以步枪、手榴弹和大刀为武器，与拥有飞机、大炮和坦克的日军进行阵地战、白刃战和巷战，最终歼灭日军 1 万多人，俘虏 700 多人，缴获大批大炮、装甲汽车、轻重机枪和步枪。汉口为此举行胜利大游行。

1938 年，以人物为路名　抗战初期，中国涌现出大批为国捐躯的抗战名将和抗战英雄。国民政府从中选出郝梦龄、刘家麒、姚子青、阎海文、陈怀民，用其姓名更换 5 条路名。

抗战名将

郝梦龄

南小路更名为郝梦龄路：七七事变后，国民革命军第9军军长郝梦龄（1898—1937）请缨北上，率部到达石家庄时，闻知山西雁门关失守，晋北忻口成了山西抗日第一道防线。遂于10月初率部赶赴忻口，坚守忻口以北的主阵地。10月11日忻口保卫战开始。日军第5师团在飞机、大炮的掩护下，猛攻忻口阵地。中国军队伤亡惨重，郝梦龄亲临第一线鼓舞士气："开始我们一团人守这个阵地，现在我们剩下一连人，还是守这个阵地，就是剩下一个人，也要守这个阵地。……出发之前，我已在家中写下遗嘱，打不败日军决不生还。现在我同你们一起坚守这块阵地，决不先退。我若是先退，你们谁都可以枪毙我！你们只要后退一步，我立即枪毙你们。"10月16日凌晨，郝梦龄在血肉横飞的惨烈战况中殉国。

中小路更名为刘家麒路：刘家麒（1894—1937）是在武汉成长的抗日英雄，在武昌县华林长大。1910年考入湖北陆军小学堂，武昌首义时投入推翻满清统治的战斗中。1929年，郝梦龄任54师师长，刘家麒任54师少将参谋长，两位抗日将领从此生死相随。1937年七七事变后，正在陆军大学学习的刘家麒返回军中，随郝梦龄一起北上。10月16日殉国。

10月24日，两位将军的灵柩运至大智门车站，武汉行营主任何成浚率驻汉文武官员、代表4000余人在车站迎接。11月16日举行追悼大会，全市下半旗致哀。何成濬代表蒋介石主祭，刘家麒夫人严希曜宣读《祭悼亡夫

刘家麒

姚子青

阎海文

陈怀民

文》："……遗像在座，笑容可亲，如闻馨玉，欲共咨询。十问没答，一死莫生，食不启口，饮未到唇。帏幔共泣，血泪沾巾，呜呼已矣，抱痛无垠。"追悼大会之后，以国葬仪式在武昌伏虎山安葬两位将军的忠骨。国民政府追认郝梦龄为陆军上将，刘家麒为中将。郝梦龄事迹以"中国第一军军长"为题编入民国小学课本。

北小路更名为姚子青路：姚子青（？—1938）是驻汉口的国民革命军第 18 军第 93 师 295 旅 583 团第 3 营中校营长。1938 年淞沪会战开始后，奉命从汉口开往上海。8 月 30 日，姚子青率全营 600 余官兵驻守宝山县城。9 月 3 日至 7 日与日军血战，几番肉搏，全部壮烈殉国。

新小路更名为阎海文路：八一三事变后，中国空军开始轰炸黄浦江上的日舰。8 月 17 日，阎海文（1916—1937）驾机升空，攻击日本海军陆战队司令部，但其座机被日军高炮击中。他弹出飞机，不幸降落在日军控制区域，遂利用地形掩护与日军战斗。当手枪剩下一颗子弹时，他站了起来，面对包围他的日军，高声吼道"中国无被俘空军"后举枪自尽。当天下午，日军列队脱帽，垂首恭立，为中国军人举行葬礼，日军在他的坟前立起"支那空军勇士之墓"的木牌。9 月 1 日，日本大阪《每日新闻》报道："我将士本拟生擒（阎海文），但对此悲壮之最后，不能不深表敬意而厚加葬殓……”文章最后惊呼：“中国已非昔日支那。”阎海文为自己，更为中华民族树起一座丰碑。

上小路更名为陈怀民路：1938 年 4 月 29 日，三镇市民仰头观战，看见一架中国战机在击落一架日机后，被 5 架日机围攻，无数市民亲眼看见这架中国战机被日军击中油箱后，拖着浓浓的黑烟，撞向一架日机。这位空军英雄就是生命定格在 22 岁的勇士陈怀民（1916—1938）。陈怀民的壮举更加激发空中勇士的斗志，经过 30 分钟激战，共击落日机 21 架，取得“4·29 空战”大捷。战斗结束之后，蒋介石及国民党高官出席了陈怀民及其战友的公祭仪式。人民音乐家冼星海在大智饭店 30 号房间内，为中国空军作《空军歌》三首，用歌曲赞美顽强不屈的中国空军。

这些英雄的路名，就是一幅幅中国抗战的群英谱，让这片区域弥漫着一股英雄之气。

1946 年的抗战地名

1945 年，抗日战争结束，在日本天皇宣布投降的那一刻，武汉诞生了一条胜利街。这条街本来分属于英、俄、法、德、日，分别称为湖南街、四民街、德托美领事街、汉中街、中街和大和街。虽然五国租界划定的时间不一，但规划租界道路时五国互相照应和协调，使五国的主干道基本呈直线。

经过艰苦的十四年抗战，中国人民取得近代以来第一次抗击外侮的胜利，五国租界全部收回。汉口人民欢欣鼓舞，奔走在昔日五国租界的主干道上，这曾经的国中之国，此刻全都是举起 V 字手型呼喊着“胜利，我们胜利了”的汉口市民。中国人民胜利了。此时，“胜利”成为路名载入史册，胜利街就是中国人民在伟大的抗日战争中最终赢得胜利的代名词。

回顾抗战历程，沉浸在胜利之中的人民希望恢复原日租界内的抗战路名。然经过十四年抗战，必须重新审视抗战期间的重要事件和人物。经过反复权衡，国民政府决定从人名、地域两个方面重新命名路名。

张自忠

1946 年，以人物为路名 1946 年重新命名的人物路名中，保留了郝梦龄路、刘家麒路、陈怀民路，新增张自忠路，但位置有所变动，燮昌小路更名为郝梦龄路，新小路更名为刘家麒路，南小路更名为陈怀民路，成忠路更名为张自忠路。这四条路，全部与大江垂直。郝梦龄路和张自忠路连接中山大道、长春街、胜利街，直到沿江大道，长度达到 410 米，属主干道；刘家麒路和陈怀民路连接中山大道和胜利街，长度约有 200 米，属次干道。

1940 年 5 月，日军集结 15 万兵力，沿襄河东岸向北推进，欲“围歼”中国第五战区部队，巩固武汉外围。5 月 7 日，国民革命军第 33 集团军总司令兼第五战区右翼兵团总指挥张自忠将军，亲率两个团和直属特务营 2000 余人东渡襄河，截击日军。5 月 11—14 日，张自忠所部河东官兵被 5 万日军夹击，战况惨烈。15 日，张自忠率部退入南瓜店十里长山，坚守待援。16 日与日军激战时，官兵伤亡更甚，张自忠多处受伤。于是，他留下了最后一份报告：“我辈军人守土有责，日寇欺我太甚，我决与日寇拼到底。……现官兵死伤甚众，我受伤数处，未能完成抗日任务，对不起国家，对不起民族……永别！”下午，张自忠以身殉国，时年 50 岁。张自忠的副官马孝堂负伤被俘，在日军司令部，他亲眼见到张将军遗体浑身是伤，头盖骨被打碎。日军用酒精擦洗张自忠的遗体，用绷带包扎伤口后装进无盖棺中，坟头墓牌上书“支那军司令张自忠”。

张将军殉国后，国民革命军第 59 军军长黄维纲率部渡襄河，抢回张将军遗骸并护送到师部，又从湖北宜城辗转护送至重庆。蒋介石

率军政官员到码头祭悼并亲择墓地，安葬于北碚梅花山。

1946 年，东北五条路　1946 年，东三省的旅顺、大连、沈阳、长春、山海关五座城市作为地名，嵌在汉口的路名中。这五条路名与 1938 年的事件路名一样，是从不同角度陈述日军屠杀中国人民、觊觎中国领土、挑衅中国军队的罪恶行径。

上小路更名为旅顺路：中日甲午战争，不能不提旅顺。1894 年 11 月 21 日日军攻陷旅顺，随即惨绝人寰地屠杀城内百姓，致 2 万余旅顺市民罹难。11 月 26 日，英国《泰晤士报》最先通过电讯，向全世界报道这一惨案。11 月 29 日，美国《世界报》又刊登报道：“日本军（在旅顺）不分老幼全都枪杀，三天期间，掠夺与屠杀达到了极点。”该报还在 12 月 12 日、13 日、19 日、20 日连续四次刊登战争特派员克里曼撰写的文章《日本军大屠杀》《旅顺大屠杀》，称“日本为蒙文明皮肤，具野蛮筋骨之怪兽”，报道震惊了世界。

中小路更名为大连路：1904 年的日俄战争以沙俄失败而告终。翌年，日本凭借《朴茨茅斯条约》取代沙俄占据辽东半岛后，改大连为“关东州”，划入日本版图，由日本政府直接管辖。日本在大连实行长达 40 年的殖民税收政策，把大连变成日本的财源基地。

北小路更名为沈阳路：1938 年“九一八事变”的地点在沈阳。日军从沈阳开始，把东三省 100 多万平方公里土地、3000 万人民、4000 多公里铁路和无尽的宝藏，全部据为己有。

路名指示牌

西小路更名为长春街：1932 年 3 月，日军在长春建立伪满洲国，把中国末代皇帝爱新觉罗·溥仪接到长春任“执政”，但各级政府机构的副职，均由日本人担任并掌握实权，溥仪的皇宫事务也由日本关东军司令部安排。日本通过控制伪满洲国，进而控制东三省。

山崎街更名为山海关路：“两京锁钥无双地，万里长城第一关”指的就是山海关，此关是连接东北与华北的咽喉要道，古称榆关。1933年1月1日，日军悍然攻击驻守此关的东北边防军第九旅一团，制造“榆关事变”。中国驻军奋起抵抗，打响长城抗日第一枪。由于中国军队的坚守，日军接连两天都无法攻进山海关城，遂于3日调动陆、海、空三军兵力，联合进攻。城破后，中国守军凭大刀、手榴弹和日军展开贴身肉搏，以不足2000人的兵力与日军激战3日，一营营长和二、三、四、五连连长均阵亡。全团官兵伤亡过半，被迫撤退，日军占领山海关城，打开了通往热河的通道。

这些抗战街名和路名的交织，写就的是抗日战争的全过程。走进这些街道，仿佛听到了日本蹂躏和践踏中国国土的铁蹄声，仿佛阅读了炮火硝烟中中国军民浴血奋战的史诗。阅读抗战地名，就是阅读抗日战争的大事记，就是阅读抗日战争的教科书，就是翻开中国人民奋起反抗日军侵略的真实画卷。这些抗战地名所具有的意义，早已超越普通地名的概念，成了记录中国人民抗战到底、不忘历史的一面旗帜。

苏联空军志愿军烈士墓

1958年国庆招待会上，周恩来总理握着一位苏联妇人的手，深情地说：中国人民永远不会忘记格里戈里·库里申科。周恩来总理说的格里戈里·库里申科，就是为中国人民抗战事业献出生命的苏联空军志愿军重型轰炸机大队长，这位妇人就是库里申科的妻子。

1937年8月21日，中苏签订《中苏互不侵犯条约》，根据条约，苏联向中国提供经济贷款和军事援助，苏联空军志愿队就是军事援助中国的重要内容之一。同年11月志愿队正式成立，共有2个驱逐机队，

2个轻型轰炸机队，1个重型轰炸机队，有飞行员356人，轰炸员120人，机械员280人，通信员86人，仪表员6人。

1938年1月5日，苏联空军志愿队飞抵武汉，分驻汉口、孝感等机场，与中国空军勇士一起，多次升空。其中1938年2月18日、4月29日、5月31日的3次空战，中苏两国空中勇士共同取得击落日机11架、21架、14架的辉煌战绩，被日军视为不可一世的“空中武士”“四大天王”和木更津、佐世保等“霸王”航空队，相继受到重创。在此之前，日军轰炸机基地在离前线50公里以内，之后，日军只得把基地转移到距离前线500和600公里的后方去。在保卫大武汉最激烈的时期，苏军志愿队多次出击，在7月16日、8月3日、8月18日的战斗中，击落日机数十架。

苏联空军志愿队烈士墓

苏军志愿队也主动出击，轰炸日本后方，日军的安庆、芜湖、九江等处机场都曾遭志愿队轰炸。1938 年 2 月 23 日，苏军 28 架轰炸机飞往台湾，轰炸日军松山机场，炸毁日机 40 余架并炸毁日军的汽油储存地。据不完全统计，苏联空军志愿队以武汉为基地，参加的远征战斗有：1938 年 2 月 24 日粤北空战，4 月 10 日归德空战，4 月 13 日广州大空战，5 月 11 日南海之战，5 月 20 日远征日本，5 月 16 日第二次粤北空战。在艰苦的空战中，苏军志愿队牺牲了 100 多位飞行员，其中重轰炸机大队长库里申科、战斗机大队长拉赫曼诺夫，都献出了生命。

武汉人民缅怀苏联空军烈士的英雄事迹和伟大的国际主义精神，于 1951 年在中山大道万国公墓修建欧式风格的苏军烈士墓，安葬 15 名苏军烈士。1956 年市人民政府将苏军烈士遗骸迁到解放公园内，由建筑师张良皋设计，重修苏式风格的烈士公墓。现公墓墓圹用花岗石砌成，高 3 米，宽 23 米，正面嵌 15 位烈士墓表，左右置记事碑，分别用中文和俄文镌刻。墓前广场有高 10 米的四方锥形纪念碑，碑身正面镌刻“苏联空军志愿队烈士墓”字样。公墓建成后，经常有市民在烈士墓驻足悼念，清明节进行祭扫，以缅怀苏联英雄。

1985 年，76 岁高龄的布拉戈维申斯基中将，率领一批苏联空军志愿队老战士，到武汉参加纪念中国抗战胜利 40 周年活动。他们专程来到解放公园祭扫烈士墓，站在墓前，回忆战友和血与火的时代，热泪长流。

汉上黉宫新气象

洋风旧学共担当

8 教育发展

江岸教育始自晚清，中小学、成人教育、师范教育以及职业教育学堂均有创办。教会学校设施较好，普通公、私立学校设施相对简陋。1949年后，政府废除旧的教育制度，逐步接管、改造并创办各级各类学校，几所军队院校也落户江岸，各校不断加强教师队伍建设，教育事业得以发展。

从新生花园到健康幼儿园

1949年8月，武汉市文教局将接收的新生花园（今洞庭街48号）拨给市民主妇女联合会开办健康托儿所，该所是市政府开办的第一个托儿所。该所根据“自力更生、勤俭建园”的方针，修旧利废，短短三个月便将游乐场改为幼儿园。11月4日开学，首批入园幼儿30名，实行供给制。创办之初，幼儿自带寝具，桌椅则利用新生花园遗留旧物，后逐渐添置各项设备，直至夏有电扇，冬有火炉。

1953年改由市委办公厅直接领导，招收3～7岁幼儿，实行寄宿制，每餐开饭前，老师带幼儿唱“吃饭讲卫生歌”，以纠正幼儿用手抓饭的不良习惯。每半月幼儿回家过星期日。“一五计划”期间，入园幼儿增加，始分设两部，一部在原址，一部在永清街，分别称武汉市直属机关第一、第二托儿所（后改称幼儿园），改由武汉市人事局领导。1959年改为健康幼儿园。从1957年起，率先在园内实行寄宿和整日并存制度，由家长选择，1972年结束寄宿制。

园内保教工作非常出色，若遇传染病流行，人民政府直接拨款为幼儿设隔离室，配专职医生，由医生和保教人员治疗、护理幼儿。

健康幼儿园

该园师资力量强大，1960年，戴礼芬老师出席全国文化教育群英会。1979年后多次为河南、湖北及武汉的幼儿教师代表讲授公开课、教法研究课等。1990年9月10日上午，亚运圣火传到该园，小朋友接过江岸最后的一棒圣火。20 世纪 90 年代，该园利用财政投入和社会资源多次改善办学条件，建有图书室，美术室，多媒体电教室，音体室等，创办有小朋友电视台，先后举办 6 届儿童艺术节。

该园占地面积 3734 平方米，建筑面积 5700 平方米，有教职工 70 余人，幼儿 600 余名，为全国优秀家长学校单位，湖北省示范性幼儿园。

从武汉第一师范学校附属小学到育才小学

该小学创办于 1954 年，位于解放公园路 77 号，原名武汉干部子弟学校。1957 年改为武汉第一师范学校附属小学，1984 年改为育才小学。

该校是改革开放后崛起的优秀小学。20 世纪 90 年代的环保教育成果斐然，学校举办的“黄孝河上绘蓝图”“56 颗团结星”等中队主题活动，分别获全国“创造杯”和全国“勤巧小队”一等奖。1994 年在“环保教育示范学校”活动中，学校举办的“野生动物是人类的朋友”活动，获国家环保总局颁发的优秀活动奖，在湖北省中小学生“为了我们共同的未来”环保活动方案设计比赛中获一等奖。1997 年寒假，学校开展“手拉手，拾回一个希望”收集废品活动，所得资金全部捐给江西革命老区桃花镇，资助该镇建起全国第一所环保小学。学生刘全因而赴京参加全国庆祝“六一”国际儿童节暨表彰大会，被授予“中国好少年”荣誉称号和“武汉市地球儿童村村长”称号，全市仅此一例。1995 年，该校成为德育实体建设示范学校。

该校注重教育教学科研，制定课堂教学评价方案，开展“学大纲、用方案”优质课评比活动，对课堂教学模式实行多形式改革实验，以“育才系列”教学方法成为教学改革核心学校。1985 年 10 月，

武汉市育才小学

该校进行英语教学试验，自编教材，拟定教学目的要求。分年级采用口语训练、趣味教学、听说训练、学习音标、读音规则教学，后逐步上升到读写及掌握简单的语法知识。1998 年，“全国整体改革委员会实验基地验收暨 21 世纪小学办学理念和实验模式校长论坛”在学校召开，2000 年成为全国整体改革委员会确立的全国整体改革基地。

20 世纪 90 年代初，学校相继组建编钟、编磬、民乐、交响乐、书法，绘画、体操、乒乓球、篮球、英语和计算机等校园“百人特色队”，丰富学生课外生活。1993 年，成为全国乒乓球人才培养重点小学和全国少儿乒乓球五大训练基地之一。1994 和 1995 年，参加武汉市“友谊杯”乒乓球赛，两度夺得男女单打冠军。1995 年 10 月代表武汉市参加湖北省第 9 届运动会，取得三金二银一铜的成绩。1998 年和 1999 年，在武汉市空模竞赛中分别获线操纵小学组团体第 2 名和第 5 名。1997 年和 1998 年，时任国务院副总理李岚清、教育部部长陈至立分别视察学校。

校园占地面积约 2 万平方米，有教学楼、钟楼、学生寝室、标准国赛乒乓球馆、实验综合大楼等建筑。为武汉市对外开放窗口学校，与澳大利亚圣保罗私立学校、悉尼北新镇私立小学结为友好学校。

从汉口市立第五小学到鄱阳街小学

1927 年汉口市立第五小学在鄱阳街创办，有 3 个班，学生 96 人，办校宗旨为注重儿童身心之发育、培养国民道德之基础、授以生活必需知识和技能。当年 8 月，校长韩鸿翥被捕，下落不明。1940 年 2 月，伪汉口特别市政府在此开办（伪）市立女子中学。抗战胜利后复办小学，名为大智区第二中心国民学校。1950 年易名汉口第三十一小学，1955 年改为鄱阳街小学。

学校在各个历史阶段，都有可圈可点之处。1950 年，在“抗美援朝、保家卫国”的爱国主义和国际主义教育中，该校率先响应中央人民政府政务院发出的节约救灾号召，倡议“捐一碗米救灾”，得到全市 120 所小学师生的积极响应。

1981 年，该校拟定《小学生思想品德纲要》，提出思想品德分段要求，有系统分阶段地开展“五讲四美三热爱”的教育活动。1984 年成为武汉市首批改制学校，同年该校首创红领巾“创造宫”活动，组成科技、计算机，舞蹈、歌咏、象棋、围棋、书法、绘画等 10 多个小组，每周六、日聘请科技人员和文艺工作者授课，提高学生对科学、艺术的兴趣，以培养儿童动手、动脑的创造能力。《湖北教育》1984 年第一期以《五星红旗在我们心中升起》为题刊登 7 幅图片，报道学校丰富多彩的教育活动。1985 年开办全区第一所家长学校，同年被定为

鄱阳街小学

中心小学。1999 年，洞庭街小学并入成为分校。

该校各年级都有数学兴趣公开课，把数学培训办成学校特色。1995 年，在全国华罗庚金杯赛中，张磊等两名学生获金牌，20 余名学生获一等奖，400 余名学生分获二、三等奖。在数学奥林匹克竞赛中，有两名学生获满分奖，有 20 余名学生获一等奖。

该校的美术课堂教学颇有成效。1987 年，学生曾山参加国际儿童绘画比赛获得银奖，1988 年入选宋庆龄基金会组织的中国儿童书画代表团，多次代表中国儿童出访美国、联邦德国进行艺术交流。

该校教师参加国家、省、市举办的公开课、示范课有百余人次，制作的多媒体课件部分被国家电教馆收藏。该校还承担了国家“九五”“十五”等十余个科研项目，其中《和谐教育》《教学活动中的心理辅导研究》《数学三段五环模式研究》成果在全国推广交流。

该校被确定为中国特色教育示范基地、省教改实验学校、省现代教育技术实验学校、省优秀家长学校以及国家可持续发展示范区示范学校。

从圣安多尼小学到一元路小学

1919 年，意大利天主教在嘉诺撒修女院（今鄱阳街）创办圣安多尼小学，有 5 个班，学生 320 人。学校校园整洁，保育有方，学生富有礼仪，然收费昂贵，宗教色彩浓厚，每日必唱圣歌，低年级学生须接受英语教学，三年级以上学生实行男女分班教学。武汉沦陷时期，教会学校只有该校继续办学，学生增至 17 个班 960 余人。1944 年，美机炸毁校园，该校迁至洞庭街 161 号，改称圣安多小学。

1949 年，更名为私立安多小学，1952 年 8 月，学校被人民政府接管，改办市第三十八小学，1955 年更名为一元路小学。1956 年 9 月，为解决高小毕业生升学困难，在学校开办附设初中班。1983 年撤销红领巾学校，校址转让给武汉儿童剧院，师生全部转入一元路小学。今校址位于一元路与洞庭街口处。

一元路小学

20 世纪 60 年代初期，该校开展“双基教学研究”，语、数两科在市、区多次举办观摩课、示范课。1978 年，为全市第一批重点小学。1984 年起在低年级语文教学中进行拼音识字、提前读写的教改试验，寓汉字于拼音教学之中，发挥汉语拼音的工具作用，使阅读、写作同时起步。翌年开展五科（语、数、英、音乐、自然）配套同步整体改革实验，经过三个多月的试验，一年级学生能用拼音夹汉字写日记。能阅读纯拼音读物和拼音注汉字的文章，能熟练掌握 20 以内的加减法。绝大多数的学生能口述算理，口述应用题和解题思路。英语掌握 60 多个单词、6 句对话和一些日常用语，自然科学生能采集标本并对标本进行修饰造型。

1998 年，该校和四唯路小学开展结对互助活动，选派语文、数学学科中的优秀中青年教师，到四唯路小学充实师资力量。

该校第二课堂活动丰富多彩，成立有游泳队、田径队、舞蹈队及各种科技、兴趣小组。1984 年，获武汉市气象、天文智力赛团体总分第一名。1985 年，参加全国小学教育万名“创造杯”活动，有 3 个少先队中队获奖，其中《我们是金三角的建设者》获“创造杯”前 50 名最佳奖。1994 年，在“创建环保教育示范学校”活动中，开展《爱我长江、保护家园》系列活动获国家环保总局颁发的优秀活动奖。该校常年开展“长江小卫士”活动，1999 年 6 月，学生制作大批“爱我长江漂流瓶”，向长江沿岸居民宣传防止污染、保护长江。2001 年，学校被国家环保总局授牌为长江水资源保护站、长江小卫士环境保护站。

从汉口市立第二中学到武汉市第二中学

1946 年 5 月，汉口市政府在原日租界三元里明治小学废墟上搭盖席棚，建临时校舍，开设汉口市立第二中学。1949 年 6 月，改为武汉市立第二中学，1953 年批准为直辖市重点中学，中南区撤销后为省重点中学。1955 年改为武汉市第二中学，1984 年恢复省重点中学，是全省最早的省级重点中学之一。

1950 年后，大批印尼、泰国、马来西亚、越南、缅甸等国的华侨陆续归国。从 1952 年起有近百名华侨青少年进入学校就读，学校成为武汉接收安置华侨学生的四所学校之一。1954 年，武汉发生特大洪水，各中学组织学生投入防汛抢险战斗，参加第一线防汛的师生有 5823 人。防汛结束后，市二中吴传佩作为武汉市一等功臣受到嘉奖。

20 世纪 60 年代初，该校被指定参与国家主导的一系列实验。为探索多快好省培养人才的目的，该校参加 1960 年全国举办的“适当缩短年限，适当提高程度，适当控制学习，适当增加劳动”学制改革实验，和三元里小学、沈阳路小学联合实行“穿靴戴帽”的 9 至 10 年一贯制实验。1961 年秋，改为进行十年一贯制的后五年实验。1965 年，又执行中央中学教学计划，进行每课时 45 分钟的课时制实验。1982 年首届校教代会制定“跨出江北赶江南”的奋斗目标。

武汉二中

1956 年，该校被确定为对外开放学校，共接待 40 多个国家、地区及联合国教科文组织的外宾 500 余人，1988 年，成为湖北省第一所可自行向外派遣留学生的中学。1990 年后，相继与欧洲、澳大利亚、美国等地区和国家的 14 所学校建立校际交流关系。1998 年和 1999 年，学校两度组织学生考察团赴英国曼彻斯特考察。1997 年，在原四十二中校址开办武汉市第二寄宿学校,为全市第一所民办公助学校。

该校师资力量强大，1979 年，数学教师汪锦云第一个被评为湖北省特级教师，1983 年由《人民日报》《光明日报》等 7 家新闻单位组织评选，田佩琼老师成为全国优秀班主任。

学生中人才辈出，有火箭设计师、中科院院士、地铁设计师、体育名将、著名艺人等各类人才。恢复高考制度以来，有 363 人获国家级奖项，438 人获省级奖项，其中，1 人获国际数学竞赛金牌，1 人入选国际奥林匹克数学竞赛中国代表队，两人获全国奥林匹克生物数学竞赛金牌，两人获银牌。

学校图书馆有藏书 6 万余册、报刊 400 余种，为方便师生学习，实行开架借阅。学校建有艺术长廊、体育长廊、科技长廊、德育苑和楼顶花园，以优化学校环境。二中早年（20 世纪 60 年代）建有游泳池，暑假面向社会开放，深受市民欢迎。

从上智中学到武汉市第六中学

该校位于球场路 64 号，1903 年由德国传教士购地建德华学堂，首批招生 40 人，有德籍教职员工 6 人。1908 年已建成教学楼、学生宿舍和健身房。第一次世界大战爆发后停办。1918 年，德华学堂被接管，改称湖北省立汉口中学。1931 年，湖北省天主教总主教希贤报请意大利政府，用庚子赔款买得原德华学堂全部产权，开办上智初级中学。开办之初，意大利政府赠送了一批物理、化学实验仪器，条件是增设意大利语课程，让优秀毕业生赴意大利米兰圣心大学留学。

上智中学

1938年8月，定名私立汉口上智中学，增设高中部。

1938年10月停办，1940年初复校。1941年太平洋战争爆发，外籍教职员离校，学校被日方控制，改用日本学校课本，以东京时间为准作息。1944年3月，日军占据校舍，学校被迫迁至一元路同仁医院（今一元路小学）复课。1945年，抗战胜利后，国民党第六战区长官司令部短暂进驻学校。同年，学校迁回原址，按中国教育制度和学制统一安排复课，但仍设有意大利文和拉丁文进修班。

学校校舍宽敞，规模宏大，其主体建筑教学大楼前有大片花圃，楼后是开阔操场，花圃一边是大礼堂、大厨房、大饭厅、教师宿舍和图书馆，另一边是学生宿舍、神父住处和供天主教徒进行弥撒等宗教活动的小礼拜堂。学生们有多方面的才能，学校足球队、篮球队和管弦乐队享有盛名。

1949年初，该校由天主教神父刘和德、董光清、鲍乐德（意大利人）三人共主校政，校内有多名进步教师。“六一”惨案第二天，齐白石的弟子、国文老师王文农就带领一批进步学生奔赴武大悼念死者，慰问伤者。回校后，对学生进行教育，推动学生转变。校长刘和德神父，解放前夕打算把贵重仪器和图书迁走，在王文农、贺苏等老师的耐心劝阻下，改变了想法，保证学校完整无缺地迎来接管。

1953年3月，改称为武汉市第六中学。1960年和1978年两次成为湖北省重点中学。1984年，学校改进语文阅读教学法，提出以听、说、读、写活动为基本内容，以思维训练为中心，以培养学生创造能力、自学能力为主要目的的“阅读教学五程序”，即提示设问、阅读思考、讨论切磋、归纳总结、练读练写。2004 年，语文教师洪镇涛被评为武汉市首届“十大名师”。

该校曾设有“青飞班”，向航空大学输送优秀生，培养飞行员。20 世纪 90 年代，武汉气象台在学校设立气象站，普及气象科学知识，成为办学一大特色。1990 年，学校承接国家教委“八五”重点科研课题《重点中学劳动技术教育的模式和方法》，1995 年完成课题研究，被国家教委定为向全国开放的劳动教育窗口学校。1999 年被评为全国劳动技术教育先进学校。同年，两名学生代表武汉市中学生参加全国第七届华罗庚金杯赛，获一金一银，团体总分名列全国第二。1996—2000 年，学生参加全国各科竞赛获一等奖 54 项、二等奖 65 项。2000 年 6 月，初二（4）班学生致信武汉市市长，建议设立废电池回收及专门处理点，引起各界关注。

该校田径、篮球运动一直处于全市领先位置，2000 年被国家教委评为全国先进体育传统项目学校。

从圣罗以女中到武汉第二十中学

1912 年，美国圣公会在俄租界（现合作路）开办女子初级中学。女生着校服，上衣为白色或蓝色褂子，下衣为黑裙子。学校自设课程，有家政、缝纫技能课。因属教会学校，校内有两座礼拜堂。学校有教学楼、图书室、操场、学生宿舍等教学设施，并建有设备完善的健身房，以便学生进行室内体育活动。1927 年春停办，1928 年秋组成校董事会，申请立案复校，定名圣罗以女子中学。

民国年间有几起重大事件与该校有联系。1931 年 4 月，负责党中央机关保卫工作的顾顺章，被叛徒在三教街（今鄱阳街合作路口至黎黄陂路一段）指认被捕，使党组织遭受重大损失。1936 年，中共北方局派该校原教师、中共党员何伟返回武汉重建党组织。6 月下旬，何伟以原学运骨干何功伟、万国瑞等人为基础，成立武汉学生救国会（又称“秘密学联”）。该校学生范元甄、梁尼琳和其他教会学校学生 20 余人参加成立大会，其中范元甄负责该会宣传工作。1938 年 3 月 10 日，战时儿童保育会成立大会在该校召开，这是抗战期间的重要事件，该会把数千名中国难童送到大后方。

武汉沦陷后，学校停办。1939—1941 年，校舍借给私立武昌瑞英聋哑学校（武汉市第二聋哑学校前身）办学。1946 年复校。1947 年 5 月，圣保罗堂堂牧张海松在该校举办欢迎会，欢迎美国驻华大使、前燕京大学（今北京大学）校长司徒雷登访问武汉。

1949 年 6 月，中国科学工作者协会武汉分会在该校召开成立大会，54 位武汉科技界知名人士云集该校。1951 年 6 月 6 日，天主教人士在该校集会，声讨和控诉少数教徒在花园山育婴堂犯下的罪行。

1952 年 9 月接管该校，更名市立第五女子中学。1953 年为单设初中，1955 年易名为市第二十女子中学，1956 年男女合校，定今名武汉市第二十中学。

该校出过两位电影明星。抗战期间，该校非常喜爱文艺的毕业生“模范美人”叶秋心（1913—1984）被影片公司看中，与郑小秋合演《吉地》，在明星电影院上映后观众如潮，万人空巷，叶秋心还出演过影片《青春之火》。出自该校的另一位电影明星谢芳，于 1959 年出演《青春之歌》中的主角林道静，轰动大江南北。

江汉大学

1980 年，为满足武汉市对应用型人才的需要，武汉在全国率先创办职业大学——江汉大学。该校以开设职业性强的专业为主，学制三年，兼办二年制的专修科和四年制的师范本科。学生走读，收费，毕业不包分配，由用人单位择优录用。教学指导原则是注重生产，毕

业实习是检验质量的标准。

1981 年 9 月，以武汉大学、华中工学院、湖北财经学院、武汉工学院在汉口办的 4 所分校为基础，正式成立江汉大学。最初分别在市六十七中学和鹦鹉洲中学各设教学班 4 个，由上述 4 所学校的教师分别授课。首届招生对象为高考成绩在 300 分以上的学生，共招 284 人。1982 年 8 月、10 月，武师汉口分院、武汉财贸干部学校相继并于江汉大学。1983 年，校址迁于赵家条原武师汉口分院内，占地 21.86 万平方米。1983—1984 年，学校率先开设城建环保专业，设环境保护教研室，开展环保知识教学。1984 年，改革入学新生待遇，助学金制度改为助学金和奖学金相结合的制度，在自费走读生中亦设有一定比例的奖学金。

1985 年 10 月，市政府在校内建立武汉大学分校，主要培养本科师范生。武大分校与江汉大学实行两块牌子、一套班子的管理体制，办学经费由市人民政府划拨。当年招收政治、中文、英语、化学四个专业的本科生 224 人。学校主要面向武汉地区招收学生。根据地区经济发展，灵活设置诸如商业企业管理、对外贸易、财政金融、计划统计、秘书、中文、档案、机械制造、电子技术、精密机械、工业与民用建筑、环境保护、城市规划、计算机软件、学前教育、音乐、音乐指挥、工艺美术、服装设计、工艺装潢、畜牧兽医、水产、图书馆学等专业，形成独到的办学特色和优势，构筑以高等职业教育为主体，兼有高等师范教育和成人教育的多形式、多层次、多门类的办学格局。

学校图书馆积极开展国际书刊交换活动，与美、英、日、德等国高等学校建有图书资料交换关系，接待来自日、美、英、德、加拿大、瑞士、印尼、韩国等国家和地区近 100 个团体、300 余人次到校访问或进行学术交流。学校也选派教职工赴美、英、日、新西兰等国家考察、学习、讲学和参加国际学术会议。1992—1997 年，累计向社会输送各类本、专科毕业生 7709 人。

2000 年，该校已成为多门类、多层次、多学科的全日制综合性高等大学。同年，市政府决定将江汉大学、华中工学院汉口分院、武汉教师进修学院合并组建新江汉大学。2002 年，学校迁至沌口。

杏林春暖汉水长

岐黄薪火耀荆襄

9 医疗卫生

1880年，意大利天主堂在江岸筹建汉口天主堂医院。始后，江岸相继建立多所教会和外国人办的西医院。20世纪50年代初期起，武汉市人民政府先后接管全部教会医院，发展医疗事业，健全医疗机构，涌现了高欣荣、范鸿简、闻亦齐、杨光弟等一批高级医疗医学人才。

从汉口天主堂医院到武汉市中心医院

1880年，汉口天主堂主教江成德在今上海路创办一所小诊所，为普通民众诊病，开业之初，英国医生加禄·伯格自愿无偿坐门诊，由懂得医药知识的意大利嘉诺撒仁爱修女会修女担任护理，是为汉口天主堂医院雏形。由于医疗人员奇缺，江成德于1883年在院内开办成德医学堂，由医护人员兼任教师，办医学实习、看护训练两班。汉上名医王奇峰即出自该学堂，毕业后给洋医生当助手，1912年后开始做阑尾、疝气手术，可在无胆囊造影情况下独立完成膀胱结石、胆结石手术，成为汉上第一位可以做复杂手术的华人医生。

1893年诊所筹资修建病区大楼，成为天主堂医院。1895年秋，医院在汉确诊第一例霍乱病人，始设传染科，开始武汉地区治疗霍乱的历史。1926年开展传染病隔离治疗，1928年霍乱再度流行，死者“弥目皆是”，医院迅速采取隔离治疗，挽救众多患者生命。1932年霍乱再次大流行，四位意大利籍护士以身殉职，医院开始给医护人员发口罩，给工人发围裙。

1914年，医院从美国购来费希尔牌30毫安X线机一台，成为湖北地区率先使用影像诊断技术的医院。同年，开展血液、尿液、粪便常规检验及康氏反应检查，并开展理疗业务。医院实行门诊挂号，常用药品及诊疗收费一元包干，贵重药品才需另行付款。1928年开设小儿内科，治疗上呼吸道感染、急性胃肠炎、肺结核、天花和麻疹等常见病和多发病，结束患儿和成人同科诊疗的历史。

在医院工作近三十年的英籍医生施金声，医疗技术全面，能治内科常见疾病，能做外科下腹部手术。1926年他为腿部严重受伤的北伐军某团长治疗，按常规须锯腿，但他用高超的医术施行保留腿部手术，获得成功。他给中国学生传授医术，严肃认真，不厌其烦。

抗日战争爆发后，大批伤兵涌入武汉，医院立即对伤兵及被炸伤民众开展救治工作。1944 年 12 月美机轰炸汉口，医院成为废墟，战后恢复重建。1949 年 11 月，改办武汉市卫生局胜利街休养所；1952 年 10 月，再改市立第四医院；1955 年和市立第二医院合并，组建武汉市第二医院，院址在今胜利街南京路口。1958 年医院一度办有业余医学院，培训医护人员；1960 年 3—4 月，在全国业余医学教育武汉现场会上介绍医院办学培训医护、支持职工参加业余学习的经验。

20 世纪 50 年代初中期，市第二医院多方揽才，集中了高欣荣、闻亦齐、杨光弟等一批医学界高级人才。高欣荣出任妇产科主任后，曾分别对 12 名患有膀胱阴道瘘的农村妇女采用胎盘补贴法，一次全部治愈；在孝感县农村巡回医疗时，又为当地 11 岁女孩成功切除 17.5 公斤重的巨大畸胎瘤，使该院在中南地区享有极高声誉。1973 年，高欣荣培养的妇产科主治医师武翠霭参加巡回医疗，又为刘店公社农民罗大英摘除 39 公斤重的巨大肿瘤。

1960 年，在院长黄世文的支持下，内科主任徐国典在全国首批引进英国 EKCO 公司制造的同位素闪烁扫描仪，组织陈昌雄、陈超、刘先祖、张绮云、王育生和张秀芳等高年资医、药、技师，组成核医学医疗小组，他们都有一技之长，分别精通英、德、日、法、俄等国语言，可随时了解国际核医学的进展。他们利用该扫描仪的诊断结果，治愈了湖北、湖南、江西、河南、四川及新疆等地的 3000 多个甲状腺患者，门诊人次难以计数。

天主堂医院

1964 年，医院配制中药防风合剂，用于预防破伤风杆菌感染；同年为一患者施行心脏手术取得成功，1985 年患者仍健在。80 年代中期，医院可开展经骶部入路

手术治疗低位早期直肠癌，可开展改良高选择性迷走神经切断术治疗溃疡病和肝硬化巨脾切除术。1998 年武汉市第二医院和区残联共同开展“视觉第一中国行动”，为 100 名白内障患者诊治，其中特困残疾人患者医疗费全免或半免。

1999 年 12 月医院增挂武汉市中心医院院名；2010 年 6 月挂牌华中科技大学同济医学院附属武汉市中心医院，为国家三级甲等医院。

从万国医院到武汉市中医医院

1910 年英、法、德、俄等租界当局，在今黎黄陂路 49 号联合开办万国医院，所需经费由各租界工部局分摊。医院拥有 X 光室和手术室。建院之初，医院向方济各会主教田瑞玉申请派修女前来服务，后有八名修女前来，成为医院第一批护士。

1917 年德租界被中国政府收回，随即停止支付应摊经费。1925 年俄租界亦由中国政府收回，俄租界工部局遂提出，中国政府应该参与分摊费用。汉口当局认为若要分摊费用，华人应享有入院就医治疗的权利。数次磋商后，医院同意接纳华人就诊。1931 年 7 月汉口大水，医院将病人搬到楼上，并派出医疗小组义务为灾民提供巡回医疗，水退后用一楼病房收容无家可归的灾民。

20 世纪 30 年代初，蒋介石曾入院拍胸片，一批中国政要、富豪也前来就医。1938 年初，第七战区司令长官刘湘因胃病撤离前线，来汉治疗，后在该院离世，死前留有遗嘱：“抗战到底，始终不渝，即敌军一日不退中国境，川军则一日誓不还乡！”抗战胜利后，医院仅剩九名医护人员。

1952 年 1 月，万国医院改办武汉市干部疗养院；1955 年 10 月，筹建武汉市中医医院——武汉最早的中医综合性医疗机构，1956 年 1 月对外接诊。医院注重传帮带培养人才，50 年代起就为老中医配备助手，让老中医带徒传医，传承传统医术。

名老中医单苍桂研制的黄连膏、九华膏、提脓丹、九珠丹、丁桂散、奔江丹等药，用于临床，效果甚佳。1978 年 6 月，武汉市中医医院增设草医科。1985 年开办名老中医咨询门诊，肝胆、胃肠专科由名老中医张真如和郑翔挂帅，应用中医药传统方法治疗肝胆消化系统疾病，自创中成药消食利胆丸疗效很好。祖传眼科医帅王国富精于去除白内障、治疗视网膜炎等疑难眼疾。80 年代后“医治未病”工作及“小包装”饮片，被列为国家试点；骨生物（骨修复）实验室、中药制剂与炮制实验室为国家三级实验室；骨伤科、脑病科、急诊基地为国家级重点专科。院内有名老中医张真如、张介安学术研究室，中医药研究所先后编辑出版《滋阴论》《黄寿人医境》《万济舫临证辑要》《调气论》《怎样保护皮肤和头发》等医学著作。

万国医院

医院开设有急诊、内、外、妇、儿、针灸、中风、骨伤、美容、推拿、肛肠、皮肤、眼科、耳鼻喉科等 26 个临床科室，有药剂科、放射科、检验科、功能检查科等医技科室。

从梅神父医院到武汉市金银潭医院

江汉北路曾有所梅神父医院，藏有一段尘封已久、鲜为人知的往事。

梅神父（1864—1923）是意大利籍天主教传教士，中国名梅占春，1902 年到天主教鄂东教区传教，在任随州、安陆等地总本堂司铎时，修建有几所教堂，1915 年又到应城县卧龙岗天主教堂主持教务。梅

神父“体念上主好生之德，冒险阻艰难，以救斯人为天职”，是德行至善、地方爱戴的神父。

1923年6月河南军阀刘广林、雷老幺到应城，扣押梅神父为人质，以“达成其索械之目的”。驻汉意、法（法国享有中国天主教会“保教权”）领事当即与湖北督军萧耀南交涉，天主教会也委派多名教士与刘广林部谈判，但无果。萧耀南遂与河南督军会商，欲合力剿刘部以救梅神父。然梅神父多次来信言明“尽力克匪，勿我顾念”，并表示“不愿中国官军以械给匪，助彼作恶；倘匪伤害自己，只望中国政府以一二万元在随州或德安，修一学校、教堂留作纪念”。9月3日官兵终于在桐柏救出梅神父，但他被刘部击伤，抢救无效去世。

9月中旬，梅神父灵柩由桐柏迁葬德安。9月18日，汉口天主教在圣约瑟天主堂举行大弥撒，本省各堂神甫和武汉天主教徒2000余人与会致祭。

梅神父死讯传出后，汉口天主堂副主教、意大利传教士索尚德随即向意大利政府报告。意政府致电北洋政府，要求赔款和严惩凶手。法国驻汉领事馆对此案极为关注，法、意两国甚至派出军队来汉示威。萧耀南秉承北洋政府旨意，向法、意赔礼道歉，决定从汉口盐税内拨款，作为抚恤和赔偿之用。武汉知名天主教徒刘歆生、陆德泽也出面斡旋，力促教会与军政、商界协商解决，最终决定在德安和汉口各建一所医院以纪念梅神父。刘歆生慷慨捐赠“循礼门铁路外陈地三千方”以作院基之用，萧耀南捐洋两万，汉上名流陆德泽、刘歆生、万泽生、周星堂、李紫云、徐荣廷等纷纷解囊。汉口赛马公会、既济水电公司、钱业公司、第一纱厂、震寰纱厂、盐业银行、上海银行等也捐资相助。

1924年1月1日，萧耀南题写的“汉口天主堂梅神父纪念医院碑”率先落成。1926年1月医院建成，梅神父遗骸从德安迁葬于此。由于首任院长陆德泽在建院前后起了重要作用，意大利政府授陆德泽以爵士勋章，罗马天主教也授予陆德泽骑尉及勋章。

1931年武汉大水，该院医护乘船为灾民巡回治病，抗战期间收治大量中国军队伤病员，八路军武汉办事处主任董必武曾颁“仁术济世”大匾，以表谢意。1949年5月陆德泽带领梅神父医院医护人员在江汉关一带设医疗站，迎接解放军进城，为部队伤病员免费服务，受到吴德峰、张执一等赞誉。

1953年5月人民政府接管医院，更名武汉市传染病医院。医院门前铺筑的梅神父路，改称江汉北路。传染病医院几经变更，迁到东西湖，今名武汉市金银潭医院。

高欣荣和高氏医院

1946年初春，重庆国民政府中央医院妇产科副主任高欣荣和二弟高有炳回到汉口，在汉口市立医院分别就任妇产科主任和外科主治医师。不久，高欣荣的大弟高有焕自昆明回到汉口，也到市立医院内科工作，但因物价飞涨，医院薪水不能按时发放，迫于生计，高欣荣与院方达成协议，在自家挂牌开办高氏诊所，半日去医院上班，半日在家应诊，以增加收入补贴家用。

1948年底汉口市立医院改组，高欣荣姐弟三人辞职回家，在黎黄陂路正式开办高氏医院，开内、外、妇产三科。住院部设病床18张，主要供产妇住院。另有手术室一间，备有外科和妇产科常用的手术器械，可做阑尾、刮宫等手术。遇有子宫外孕、卵巢囊肿、子宫摘除、胃切除等大手术，便求助于万国医院。

高氏医院虽小，但高有焕内科基础扎实；高有炳留学美国，曾任康乃尔大学医学院和纽约医学中心外科研究员，回国后，声名鹊起；高欣荣更是闻名遐迩的留美妇科名医。医院的护士、助产士都有良好素质，在高欣荣领导下，医院上下秩序井然，效率极高。难产妇在这里平安分娩，不少患者在这里被治愈。一位周姓妇女，产后因大出

高氏医院

血休克，家人以为无救，便燃烧破伞以超度她的“亡灵”，凄惨的哭声惊动了高欣荣和高有炳，二人奋力抢救，产妇起死回生，传为佳话。

那时，医师一般收两元挂号费，高氏医院仅收五角，复诊收两角。如果病人确实困难，住院费减免。一位穷困的小学女教师，因无钱看病致小病拖成大病，住进高氏医院后，高欣荣给予精心诊治。大病初愈，病人却又因无力支付医药费愁眉紧锁，高欣荣得知后全免其医药费。高欣荣切实履行救死扶伤的天职，许多病人及家属感激高氏医院，或赠红包，或送礼品，均被谢绝。一些条件好的病家便登《大刚报》鸣谢，高氏医院的名声越来越响，求医者日众，高欣荣忙得无暇他顾。

解放前夕，有些人离开了内地，但高欣荣决定留下来。50年代初，高有炳被聘为市第一医院外科顾问，高欣荣仍然负责高氏医院。后来，人民政府兴建武汉市第二医院，高有炳调任该院外科主任。他和卫生局副局长宋瑛一起做手术，配合默契，关系融洽。宋瑛遂常来高家做客，再三诚邀高欣荣，高欣荣终于同意出任市第二医院妇产科顾问。1952年秋的一个深夜，市第二医院派人请高欣荣去抢救一位生命垂危的病人，高欣荣急步中不慎跌倒，但她顾不得疼痛，爬起来继续跑。由于她的及时救治，病人转危为安。

1952年11月高欣荣关闭高氏医院，正式出任市第二医院妇产科主任，医院护士随她到医院工作，一应器械设施全部捐献给医院。

从武汉陆军总医到解放军第 161 中心医院

位于黄埔路的 161 医院，是江岸的部队医院之一。该院最早是武汉沦陷时期日军开设的第 158 兵站医院。1945 年 12 月 1 日，国民党军政部下令，把四川黔江的陆军卫生勤务训练所迁往汉口，接收日军第 158 兵站医院，改组为武汉陆军总医院，1946 年 10 月 1 日开门行医，时任院长范乐成。全院有官佐 184 人，士兵 197 人，病床 400 张，设有皮肤科、检验科、眼科、耳鼻喉科、牙科、放射科、理疗科、产妇小儿科及内科、外科等，是抗战胜利后汉口规模最大、设备最完善的军队医院，除担任医疗任务外，还对其他的军队医院进行技术业务指导。内战爆发后，转运至武汉的受伤官兵猛增，在该院治疗的伤病官兵通常超过 800 人，礼堂也改作临时病房。

1948 年，东北民主联军第八后方医院改称为第二十五后方医院，1949 年 6 月接收国民党原武汉陆军总医院，1950 年 3 月改组为中南军区武汉陆军医院，1954 年改称第 151 陆军医院，1956 年 2 月改称武汉军区总医院，有床位 600 张。1962 年该院与位于武昌洪山武珞路特 1 号的解放军第 69 陆军医院换防。

第 69 陆军医院前身是 1944 年 4 月创建于河南范县的冀鲁豫军区八分区第二野战医疗所。1949 年 6 月，该所随刘邓大军进驻武昌洪山宝通寺，改称湖北军区卫生部附属所，有医护人员 135 名，病床 200 张，院内设门诊部、10 个临床科室、7 个医技科室；后又改称湖北军区医院、第 69 陆军医院；1954 年改称第 161 医院，隶属于武汉军区后勤部。1962 年，解放军第 69 陆军医院和武汉军区总医院换防，1983 年更名解放军第 161 中心医院。1985 年武汉军区撤销，医院改隶总后勤部基地指挥部。

1978 年以后，161 医院医疗成果不断涌现。80 年代，医院研制

成声带息肉吸割器，应用咽升动脉插管治疗晚期复发性鼻咽癌；该院研制的清肠液，提高了纤维结肠镜操作成功率，缓解了病人的痛苦程度。161 医院针对乙肝流行病高发，开展乙肝抗原研究，收集尸肝 51 例进行提取核心抗原试验，中期 6 例肝余血核心抗原阳性，通过抗原试验，摸索出比较低滴度核心抗原的尸肝来提取有临床实用价值的核心抗原，并试制出抗 HBC 试剂盒。同时，医院开展缝匠肌后移重建臀肌术，使患者患肢肌力达到Ⅰ级，功能得到有效改善。

武汉市儿童医院

1954 年 5 月，市卫生局根据中南行政委员会和武汉市人民委员会的指示，抽调马仲槽、万继光等若干人组成武汉市儿童医院筹备处，由马仲槽任组长。在黎黄陂路原万国医院旧址开始筹备工作。当年 12 月 26 日，市儿童医院正式对外接诊患儿，成为继京、津、沪后开办的第 4 所儿童医院。

建院之初，医院设病床 40 张，卫生技术人员来自市第二医院、汉口天主堂医院的小儿科，这两所医院收治的患儿也随医生全部转到黎黄陂路市儿童医院新址继续治疗。

1955 年，全国各大行政区撤销，市政府又决定，将原中南公安部所在地、球场路 109 号(后为武汉市职工医学院)作为儿童医院新址。1970 年 9 月市革命委员会又决定在该院址改办武汉市医师进修学院，儿童医院再次搬迁至球场路 213 号原武汉市结核病医院旧址，才真正安定下来。

50 年代，医院努力探索儿童疾病的防治，用针灸、按摩疗法治疗小儿麻痹症、高烧、腹泻，疗效较好。1958 年徐文鼎医生研究小儿麻痹症防治时，从粪便中分离出 17 株肠道病毒及流行性乙型脑炎病毒。医院 1961 年成立小儿外科，开始对小儿隐睾、尿道下裂、幽门肥厚性狭窄、膈疝及斜颈进行手术治疗；1964年开展先天性食道闭锁手术治疗、肠套叠空气灌肠整复；80年代初开办小儿心血管病专科和体外循环心内直视手术，效果较好；1985年开始高难度的脾切除术、自体脾种植手术，同年，施行小儿心血管外科手术7例，成功率100%，诊疗技术达到国内先进水平。

医院积极研制小儿用药。1970年试制的鸭跖草甘油，用于治疗小儿口腔疱疹性溃疡；采用自制中药“承气汤”加减治疗阑尾炎，效果很好，至今沿用。80年代，与健民制药厂共同研制治疗小儿佝偻病的新药龙牡壮骨冲剂，很受患者欢迎。医院针对小儿常见病研制的便于小儿服用的中药制剂有川贝清肺露、麻甘冲剂、参术合剂、利便合剂、藿香合剂等，都有一定疗效。

医院曾专门进行疾病的调查和筛查。1975年，遵照国家《1975年正常儿童、青少年体格发育调查卫生防疫研究实施方案》，和市卫生防疫站联合，组织对新生儿至17岁的儿童、青少年进行生长发育调查。1980年对市区177060名儿童进行先天性遗传性疾病调查，发现遗传病4332例，发病率为2.45%；发现遗传病52种。这次筛查对优生优育有着积极意义。

1991年，国家主席李先念为医院题词“发展儿童医疗保健事业”。1996年，医院成为三级甲等儿童专科医院。2003年9月与市妇幼保健院进行资源整合，现已拥有3个门诊部、编制床位2000张，成为集妇女儿童医疗与保健职能为一体的综合性医疗机构。

武汉市中心血库

1953 年，中国第一个中心血库在江岸区建立。

1952 年夏，市第二医院副院长段文林给一位骨科患者做手术，患者因失血过多突然休克，必须紧急输血。恰好段文林与患者血型相同，他匆匆喝下一杯红糖水，伸出了胳膊，鲜血静静地流入患者血管，手术成功了！同年，护士祁淑贞又为失血过多的妇产科患者刘开立无偿献血，也使患者转危为安。

鲜血成了危急时刻患者的生命源泉。但失血患者众多，医生纵有割股之心，也无法满足所有患者需求。建立中心血库，成为有识之士的共同愿望。

1953 年春，中南卫生部部长齐仲桓、武汉市卫生局局长洪明贵把建立武汉市中心血库的任务交给市第二医院，医院领导又把这副重担交给刚过而立之年的医师徐国典。

徐国典立刻开始着手准备。没有冷藏设备，他想方设法，也只找到一台不能运转的旧冰箱。有趣的是，一位被他医好病的患者闻知消息，前来为冰箱“诊病”，妙手回春，冰箱欢快地运转起来。可是，血源不足到哪里找呢？当年治疗高血压患者的方法之一是抽血，徐国典便动员一批高血压患者，他们贡献给了血库第一批血液。

1953 年 5 月 3 日，武汉市中心血库在鄱阳街 7 号正式成立，15 日血库正式向市区公立医院供血。市卫生局明文规定，血库由市第二医院代管。翌年 11 月，血库迁至铭新街 16 号，6 名职工中有技术人员 4 人。1955 年 3 月血库直属市卫生局领导。

血库成立后，最初月供新鲜血液 5 万多毫升，血库的成立，为外科、妇产科开展多类手术解除后顾之忧，使众多失血患者绝处逢生。特别值得一提的是，1966 年出现乙型脑炎流行，血库大量供应血浆，挽救了许多高危患儿的生命。

当时，中心血库对市区血源与供血实行统一管理，为保证献血人员的健康和血液质量，血库规定：个人自愿献血者凭户口簿和本人照片登记建卡，体检合格后献血，献血者每隔3个月才能再次献血。医院不能保存血液，供血前先由各医院取血员带病人血液标本及输血请求单、记账联单到血库，由血库检验人员做血型复查、按血型作交叉配合试验，试验成功才将配血试验报告单连同血液一起发出，医院将取回的血液送临床输用。随着医疗用血量增加，个体血源远不能满足需要，便在市区组织干部、工人、居民为战备和急救志愿献血。

武汉中心血库标志

1961年血库开始小批量生产“A”“B”标准血清，供市区各医院临床作血型鉴定用。1965年开始大批量生产每支2毫升的安瓿装标准血清，运往省内外。

1964年1月，血库改称武汉市中心血站，有职工40人；1966年10月迁至硚口区宝丰二路17号（今宝丰一路8号）。

京调声高汉调低
余音袅袅似鸟栖

10 文化艺术

晚清以来，汉口三分之一以上的知名茶园在江岸，京、汉、楚剧及话剧名伶荟萃，流派纷呈。影剧院、歌舞厅、俱乐部等场馆，也多兴起于租界区。抗战爆发后，冼星海、田汉、洪深、老舍、阳翰笙等著名艺术家和全国诸多进步文艺团体来到武汉，在汉口大舞台、光明大戏院、天声戏院等演出，在街头组织义演、募捐和各种形式的抗战文化宣传。20世纪50年代后，江岸各类艺术成果丰硕，楚剧、话剧、电影、评书及小说类成果斐然，名人辈出。

茶园，戏剧演出的源头

清咸丰年间，黄孝花鼓戏进城，先在土垱（今统一街一带）茶馆里演出。光绪末年，因官府禁演，戏班遂进入德租界，半夜三更在华景街附近的茶楼演出。不承想，该戏挺受欢迎，观众不断增多。辛亥革命后，黄孝花鼓戏又在法租界盛行，演出花鼓戏的茶馆猛增到 20 多家，天仙茶园、共和升平楼、四海升平楼等茶园，家家座无虚席。1927 年，经过改进的黄孝花鼓戏定名楚剧。

据史书记载，1899 年在今天声街至一元路口处建成的丹桂茶园，是武汉最早演出京剧的茶园。当时，徽调艺人刘茂林和河北梆子艺人五月鲜，邀上海京剧名人吕月樵、杨九霄来汉加盟，在丹桂茶园演出京剧。1903 年，今江汉路口群仙茶园（后改为怡园）开业，最早来汉的京剧坤班（由女性组成的戏班）来此演出。汉剧著名演员余洪元、牡丹花、陈月仙、吴天保、汪天中、大和尚等也荟萃于此，使之声名大振。1908 年，中山大道北京路口（盐业银行旧址）建有迎仙茶园，在此基础上改建的合记大舞台一时名噪汉上，1919 年梅兰芳首次来汉即在合记演出；京剧前四大须生之一的余叔岩来汉，也在此演出。

梅兰芳来汉口

20 世纪 20 年代后期，天声舞台、天仙大舞台、新民戏园等开始转向剧场，茶园向剧场转变成为趋势。最初，戏园仍保留茶园特色，只是将茶园唱戏改为戏园卖茶，座位分正座、边座、楼座和包厢，配专职茶房为观众泡茶，在场内丢热“毛巾卷”给观众擦脸揩手，

30年代后都成为专门演出戏剧的场所。

30年代天声舞台上演京戏《三娘教子》，一个六七岁的小丫头初次上台，出演孩童戏，其台词、身段、动作博得观众阵阵叫好。她就是后来的京剧表演艺术家赵燕侠。80年代赵燕侠给《长江日报》编辑部写信："我从小喝长江水长大，就是在武汉这座历史名城，我走上京剧艺术道路。"赵燕侠的告别演出也是在武汉举行的。

武汉戏剧发展的源流，如果不谈江岸的茶园、戏园，还真少了"角"们的故事。汉口"戏码头"这个称呼，少了江岸的茶园戏园，就说不圆满了。

从共和升平楼到人民剧院

喜欢戏剧的读者，一定知道法租界内著名的戏剧大舞台有共和升平楼、共舞台、汉口大舞台。这三个舞台就是今友益街的人民剧院，只是不同时间段的不同名称罢了。

1914年，盐商巨贾韩惠安投资兴建茶园，称共和升平楼，最初演出黄孝花鼓戏，而后演过汉剧、新剧（话剧）。1927年，韩惠安投资改造、装饰茶园，更名共舞台。开张之时，邀请闻名遐迩的京剧艺人李桂春前来，演出《清宗灵》《风波亭》等"岳飞戏"，红极一时。后汉口著名京剧票友也来此演出。

1933年，韩惠安又对共舞台的结构进行改造，将进门就可看见的舞台，改放在进门后的左侧，场内的座位顺势改为横向排列法，成为武汉的第一家新式结构舞台，改称汉口大舞台。在管理方式上，撤销茶房，采取随票奉送香茶一杯的新办法。茶水用玻璃杯盛放于座位背后，观众对号入座，待戏演完后再统一收拾茶杯。

这一次揭幕演出者，是著名京剧坤旦章遏云和老生王又宸等；接下来，是与章遏云一起被称为"三大坤旦"的华慧麟、新艳秋以

及老生时慧宝等人的演出。从此，该舞台成为专演京剧的高级场所，观众都是有一定社会地位的华人和京剧票友。1934年，梅兰芳、谭富英、金少山、芙蓉草等在此演出全本《四郎探母》，朱桂芳演出武旦戏《摇钱树》，陈艳秋演出《贺后骂殿》，马连良演出《白蟒台》等剧，个个都是京剧史上浓墨重彩的名角。

1937年5月，梅兰芳率团再次来汉，为汉口图书馆筹集建馆资金，又在此演出《西施》。卢沟桥事变后，在汉的京剧演员刘五立，五大名旦之一的徐碧云，黄派旦角创始人黄桂秋，女老旦苗鑫茹等人，都在此进行抗战劳军演出，上演《两将军》《薛仁贵征东》等戏。

武汉沦陷后，该舞台因地处法租界，得以继续演出。抗战胜利后，从上海请来猴戏一流的美猴王张翼鹏（盖叫天的长子），演出“盖派嫡传、南北无双”的《三岔口》。

武汉解放后，人民政府接管并更名人民剧院。50年代初，除程砚秋外，京剧四大名旦中的梅兰芳在这里演出一个多月，尚小云主演拿手戏《梁红玉擂鼓战金山》，荀慧生主演拿手戏《红娘》。上海京剧院一团、天津京剧团、扬州专区京剧团、安徽省京剧团、北京京剧团的马连良、张君秋、谭富英、裘盛戎，中国京剧院的钱浩梁、杜近芳、袁世海等纷纷前来献艺。

改革开放后，剧院再次进行改建，从北京请来“活曹操”袁世海，与湖北京剧团共同演出《群英会·借东风·华容道》。除了专业演员，业余京剧演员们也在这里演出。汉剧院也以这里为演出场所，这里成为振兴京剧、汉剧的重要平台。

从光明大戏院到武汉剧院

位于中山大道中段、兰陵路上的中南剧场，是历史悠久、享誉江城的影剧两用剧场，其前身是光明大戏院。

20 世纪 20 年代初，意大利商人鲍特来到汉口经营影剧业，拥有维多利大戏院和中央大戏院，又在今兰陵路租用广东人李秉和三兄弟的地皮，建起一座简易平房放电影，取名环球大戏院。戏院位置适中，票价低廉，叫座又赚钱。青红帮会的重要人物刘玉堂相中这个地盘，想方设法把环球大戏院从鲍特手中承租过来，随即赴上海考察，并仿效上海电影院的建筑及设施，制定设计蓝图，投资 10 万元，请袁瑞泰营造厂在环球大戏院的地基上建起两层楼的影剧院，定名光明大戏院，由于设施先进完备，成为 30 年代武汉影剧院的翘楚。

1929 年 12 月 12 日，光明大戏院举行开幕典礼，破台上映美国派拉蒙影片《洪水》，每日放映 5 场，每场可容观众 1600 余人，连映 20 多天，场场爆满，打破武汉各影院上座率的纪录，此后常映不衰，两年时间获利 17 万元，除收回投资外，还净赚 7 万元。

抗战初期，戏院是抗战文化活动的演出场地；解放初，成为新文艺演出的阵地，解放区的新歌剧《白毛女》来汉在这里首演。1952 年，光明大戏院收归国有后更名中南剧场，交中南文工团使用，但第四野战军文工团也多次在这里演出。1953 年秋，苏联莫斯科大剧院以乌兰诺娃为首的友好访

武汉剧院

华演出团来剧场演出，因舞台面积不大，无法展演全部内容，只好出演“片段”或“舞台小品”。这时，人们才发现，武汉需要一个更大的剧场。

1953年春，中南文工团更名中南人民艺术剧院，受中南局、文化部双重领导。1955年春节后，文化部副部长刘芝明来汉视察工作，剧院领导程云陪他参观剧院，陪他看戏，并择机告之，武汉缺少大剧场，如果能盖个大剧场，武汉的文化设施就大有不同。刘芝明也认为，武汉没有像样的剧场，与城市的地位不相称，并表示会考虑这事。1956年夏，文化部部务会议通过决议：拨110万元人民币，帮助武汉建新剧场，不足之数由地方自筹，新中国成立十周年大庆之前剧院要完工。8月，款项划拨到了武汉。

新剧场建在哪里呢？有人希望拆掉儿童图书馆（原金城银行），把剧场建在中山大道上。时任宣传部部长李尔重反对拆房，他说：“这么好的房子，为什么要拆呢？”市长刘惠农一锤定音：“不要在沿江大道、中山大道打主意。新开辟的解放大道将来是新市区，要建就建在那里，划地容易，又免得搬迁居民。”

设计新剧场的重任交给中南设计院，设计院又把重任交给高级设计师王秉忱，他带领何浣芬等几位年轻设计员一起拿方案。为此，他们认真讨论旋转舞台、升降舞台、推拉舞台的利弊，最后选定推拉舞台。推拉舞台的表演区与左右副台同样大，一块活台板下安装滚动轮，台上演第一幕，活台板上可布第二幕景，换景非常迅速。剧场也在舞台高度、深度、宽度以及安装人力牵引吊竿数量、后台设施（包括导演休息室兼贵宾接待室）、乐池、观众席、观众休息厅、大厅、门前广场绿化等方面，提出具体要求及数据。设计师们认真听取、记录，并把剧院提供的20册国外剧场资料取回作参考。1957年春，设计院送来三套武汉剧院的设计图，每套只写“号”，不署设计师姓名，以便剧院选择。结果，各方一致选择了庄严、大气的1号设计图，设计者是王秉忱和助手何浣芬。

武汉剧院的建设工作紧锣密鼓地开展起来，承建单位中南建筑工程公司抢时间，保质量，终于在1959年8月底全部完工。工程总投资220万，文化部下拨的110万用于土建部分；省、市财政拨付的110万用于内部装修、冷暖气系统、灯光、电器设备等。

9月30日晚，武汉剧院如期举办新中国成立十周年大庆活动，首场演出新歌剧《太阳初升》，张灯结彩，盛况空前。从此，武汉有了高级别文艺演出场地，也有了自己的“人民大会堂”。很多重要公务活动，市人大、市政协、市党代会等重要会议均在此举行。

时至今日，武汉剧院仍然是全国著名剧院。

楚剧经典《葛麻》《追报表》

1951年，武汉楚剧团成立，直属武汉市文化局，是湖北最有代表性的地方剧团之一，2005年更名武汉楚剧院，位于解放大道永清街，从成立至今，先后创作、改编、整理、移植演出剧目300余台，造就了几代表演艺术家和各类人才。楚剧《葛麻》《刘介梅》《追报表》等被拍摄成戏曲电影，在全国广为流传。

《葛麻》 1956年由上海电影制片厂拍摄，主演熊剑啸、陈梅村、李雅樵、萧受珍，故事情节简单却引人入胜。正直、机智的青年葛麻，在暴发户马铎家做长工。马铎未发财前，曾把女儿许配给穷书生张大洪。马铎发达后嫌张家穷，企图退掉这门亲事，将女儿另配高门。为此，马铎叫葛麻将张大洪找来，想当场逼他写退婚字据。张大洪是葛麻的表弟，葛麻为张大洪想出办法，设下圈套，待张大洪到了马家，葛麻便凭着他的机警、聪明和口齿伶俐，使马铎无法获得退婚字据。随后，葛麻又到后花园，在得知马小姐深爱张大洪、憎恨父亲嫌贫爱富的行为后，便帮助马小姐逃出家门，与张大洪结成夫妻。

《葛麻》海报

《追报表》 1977年由长春电影制片厂拍

《追报表》海报

摄，主演高少楼、张巧珍、朱世慧、蔡顺英。追报表是三个“样板小戏”之一，情节为红岭大队实事求是汇报年终生猪产量的曲折故事。元旦前夕，老队长去开总结会，会计小张统计给公社的年终产量报表时，看到粮食、棉花亩产都超过了《纲要》，只有生猪还差两头。小张想起饲养员二嫂说过，队里有头母猪今晚要生小猪，为了三超《纲要》，拿到“三超”红旗，便预报了两头，并将报表交给公社统计员小李。老队长回来得知预报一事，批评小张后便去追小李。老队长走后，二嫂来报告：母猪生了 16 头小猪。小张话未听完就去追小李，二嫂怕出错又去追小张。老队长追上小李后让小李减生猪数字，这时小张赶到，说母亲生了 16 头小猪，要加数字。此时，二嫂赶到，告知小猪是十二点半后生的。于是，大家一致同意，实事求是，把这 16 头小猪算在下一年里，报表上应减去两头。

《追报表》的音乐创作和以往楚剧相比，在音乐主题的创作、音乐的情感化处理、管弦乐伴奏等方面都有革新与发展，作品生动、活泼，人物性格鲜明、突出。

电影演员谢芳

1951 年夏天，家住胜利街并在汉口圣罗以女中（今武汉市第二十中学）读初三的小女生谢怀复家楼下，搬来了一群中南文工团音乐部的人。这群音乐人惊喜地发现，楼上的小女生无论是形体相貌，还是偶尔哼出的歌声，都展现了艺术的天分。正值中南文工团招生，谢怀复就这样走进了艺术殿堂。到中南文工团报到的第一天，她被分配到男生宿舍去了，她便给自己改名谢方。

1954年，中南大区撤销，谢方随中南文工团部分成员转入武汉实验歌剧院，陆续担任《小二黑结婚》《白毛女》《刘三姐》《货郎与小姐》和戏曲《思凡》《柜中缘》等的主角。著名戏剧家、时任中南人民艺术剧院院长崔嵬看过谢方演出后，认为这块可琢之玉艺术潜质很大。由于中南大区撤销，崔嵬调入北京电影制片厂。

1958年深秋，文化部电影局局长陈荒煤、北京电影制片厂厂长汪洋决定将杨沫的长篇小说《青春之歌》搬上银幕，并把拍片任务交给崔嵬。崔嵬深知这部电影的分量，精心挑选了秦怡、于是之、康泰、于洋、赵联、赵子岳、王人美等一批名演员。但《青春之歌》能否成功，关键在于谁来扮演林道静。几经思虑，崔嵬想起了武汉艺术舞台上的小姑娘谢方。

谢方到了北京，试镜后成了“林道静”。在崔嵬、陈怀恺两位导演精心创作下，《青春之歌》杀青了。公开上映前，剧务编写演员表，感觉“方”不柔美，便加了个草头，谢方成了谢芳（1935—2024）。影片上映后，电影院爆满，抗战时期流行的歌曲《五月的鲜花》，随着这部电影再次唱遍全国，谢芳也成为60年代国人钟爱的电影明星。《青春之歌》在日本东京、大阪、京都等地放映后，反响巨大，谢芳因此当选中国妇女代表团成员去日本访问。

1963年，陈荒煤亲自点名，将谢芳调进北京电影制片厂主演《早春二月》，而后又主演《舞台姐妹》。在这两部戏中，谢芳成功塑造了陶岚、竺春花两位女性。这两部影片和《青春之歌》一起组成的“青春三部曲”，照亮了一个时代。这三部影片都参加过日本、美国、法国等国的中国电影周。1960年，谢芳和赵丹、秦怡、白杨、上官云珠等人被文化部评为22位影星之一。“文化大革命”后，谢芳又主演了《泪痕》《第二次握手》《李清照》《陪读》等影片，1989年被《中国电影周报》评为中华人民共和国成立四十周年十大影星。

谢芳

话剧演员胡庆树

“中国话剧三大须生巨头”除了于是之、李默然外，还有一位是在武汉话剧舞台上活跃了40余年的胡庆树。胡庆树（1933—2002）生于安徽安庆，1957年从上海实验话剧团调入武汉话剧院。

话剧《武则天》有一段精彩的表演：唐高宗带着审问和气恼的神情，接过毒箭，眯眼细看，由于眼神太差，又把箭镞拿得靠近眼睛，突然觉得箭镞很脏，又像闻到了恶心的气味似的，突然把箭镞甩到一边，接着又下意识地眯眼看手，觉得手也被弄脏了，他想找揩手的东西，左看右看都找不到，便顺势撩起身边宫女的长袖使劲地擦手，脸上充满忿恨的厌恶之情……这一连串的艺术灵感的爆发，把唐高宗此时此刻的心态表现得淋漓尽致。而这段表演的剧本，只是唐高宗眯眼审看毒箭后，将箭镞放下这么简单，把简单演绎成精彩片段的正是胡庆树。胡庆树在《雷雨》《无边英雄》《一口二舌》《家》《青春之歌》《还乡记》《孔雀胆》及《降龙伏虎》等众多话剧中，都担纲主要角色，且都有入木三分的精彩表演，很多表演片段都是话剧舞台上的经典教材。

1983年，胡庆树担任武汉话剧院院长，1985年担任武汉市文化局副局长。1986年，武汉话剧院排演莎士比亚名著《温莎的风流娘儿们》，为饰演福斯塔夫，胡庆树辞去职务，重返舞台，1991年获中国话剧表演最高奖——金狮奖。1993年胡庆树应邀赴香港，领衔主演莎士比亚名剧《李尔王》，他扮演的李尔王赢得了港澳各界的广泛赞誉。

胡庆树

1994年，武汉话剧院排演小剧场话剧《同船过渡》，胡庆树把高爷爷塑造成了一位久经风浪、豁达大度、善解人意又诙谐风趣的老船家形象，获得中宣部“五个一工程”奖和文化部文华表演大奖。从艺一生，胡庆树成功塑造了一百多个颇具个性和特色的艺术形象，印证了他的名言：我始终是个话剧演员。

相声演员夏雨田

“我无法追求生命的长度，但我能够把握生命的质量。我要让笑声在生命中延续，在笑声中燃烧自己的生命，在笑声中拓展自己的生命。”这段精彩的表白，是著名相声演员夏雨田的名言。

夏雨田（1938—2004），1960 年毕业于华中师范大学中文系，次年加盟武汉曲艺队（武汉说唱团前身）。从那时起，他就经常深入部队、农村、工厂、学校、农村演出和体验生活。1963 年，他在湖北农村感染肝炎和开放性肺炎，因痴情事业、忽视治疗而留下隐患。

夏雨田有很多荣誉，也有很多职务，但给人印象最深刻的是：他是相声演员，是中国第一个拥有大学学历的相声演员，是中国相声界少有的一级编剧，是中国歌颂型新相声的开路人。他创作的第一个歌颂型新相声《女队长》，由马季、于世猷联袂演出后，家喻户晓，马季由是多次感慨，自己的名气是夏雨田老师给的！

夏雨田

几十年间，夏雨田笔耕不辍，其相声作品捧红了几代笑星，创造了留下无穷欢乐与笑声的艺术奇迹，其中《难忘的一课》《农老九翻身记》《借电话》《归国记》《吃不了兜着走》《家庭诗会》等作品获全国一等奖，《多多关照》等二十余部作品先后在中央电视台春节晚会、曲苑杂坛等栏目播出。

因过于疲劳，他的肝病恶化成肝腹水，肝区疼痛常使他彻夜难眠。

1998 年长江大洪水时，他在病榻上创作了十来个节目，供武汉曲艺团在《水也滔滔，情也滔滔》晚会演出，其中《十点三十分起爆》获得国家大奖。2003 年非典肆虐时，他又在病榻上创作了一台“笑”对非典的曲艺节目，以减轻人们对非典的恐惧心理。

夏雨田从文四十年，先后发表相声、小品、快板、独角戏、诗歌、散文、评论、电视剧本等作品四百余万字，这些鼓舞了几代百姓的作品多是他在死神的威胁下完成的。马季、姜昆、冯巩、牛群等众多相声名家谈及夏雨田时，都如是说——夏老师的艺术和人格的奖杯，挂在老百姓的笑脸上，珍藏在老百姓的心中。

1995 年，夏雨田获中央电视台、中国曲艺家协会颁发的全国相声创作杰出贡献奖；2003 年，与中国作家协会主席巴金、作协副主席王蒙、故宫博物院文物专家王世襄、文联副主席冯骥才等人，同获“年度中国十大杰出文化人物”称号。

评书演员兼作家何祚欢

1941 年 3 月，何祚欢生于汉正街，1956 年从武汉四中考入武汉第一师范学校读书。1961 年毕业后，进入武汉市第四职工业余中学当教师。此时，何祚欢开始尝试说评书。何祚欢有文学功底，又熟悉群众喜闻乐见的评书语言，他以鲜明的爱憎将小说《红岩》改编成评书，1962—1963 年播出后，竟然“满城空巷听红岩，三镇尽说何祚欢”，《红岩》成了脍炙人口、家喻户晓的“汉货精品”。

1963 年，武汉说唱团团长、评书表演艺术家李少霆点名将 22 岁的何祚欢调入说唱团。李少霆欣赏何祚欢的悟性与灵性，他对何祚欢说：博采众长，自成一家，是从艺者的最高追求，你是我的学生，你演得像我，我并不高兴，你演得不像我，我会特别高兴。从此，何祚欢潜心学习李少霆的书路，也揣摩全国众多评书名家的书路，并学习相声、口技等方面的知识，揉入评书表演，从而形成自己的独特风格，于1984年接任武汉说唱团团长。

何祚欢

何祚欢也是作家，他创作的初衷只是想丰富评书书目。1981年创作的短篇评书《挂牌成亲》，获全国优秀曲艺一等奖。1982年创作的长篇评书《杨柳寨》与他的表演双双获得当年全国优秀曲艺观摩演出创作、表演一等奖。笔耕没有影响他的演出，反而丰富并深化了他的演出内涵，提高演出的艺术效果。之后，何祚欢开始从自己的生活体验中挖掘创作素材，开始“寻找”他的三个“儿子”。1987年，他找到了第一个《养命的儿子》。这部中篇小说发表后，被《新华文摘》转载，改编成楚剧后荣获文华奖。1994年他找回第二个《失踪的儿子》，1996年，找回第三个《舍命的儿子》。中国文联研究室专家看到“儿子”系列后，激动不已。1997年6月，中国文联研究室、武汉市文化局、武汉市新闻出版局联合在北京怀柔举行何祚欢作品研讨会。在“找儿子”的同时，1991年何祚欢又去“敲”《栖云寺晨钟》，《中国作家》当年第4期发表这部小说后，有文学评论家认为该小说“含英咀华，典雅清丽”。

1993年，武汉市文化局鉴于何祚欢在文学创作上的成就，将何祚欢调至新成立的武汉艺术创作中心任主任。他集说书与写书于一身，需要时上台演出，没有演出任务时便伏案书写。所以，他在舞台与屏幕中与观众见面时所说的段子，几乎全部是自己创作的。

何祚欢是一道风景，是有别于其他文人与艺术家的独特风景。亦如他给自己的定位，是何祚欢，更是“活着欢”。

舶来蹴鞠汇江滩

百载腾蛟起风澜

11 体育运动

汉口开埠后，近代欧美体育传入，经有志之士惨淡经营，20世纪30年代逐渐赢得国人喜爱，然规模性的体育活动时兴时衰。新中国成立后，渡江运动成为群众性体育活动，体育运动领域日益扩大。80年代后，体育走向世界，在江岸成长的优秀运动员多次参加国内、国际比赛，有的蜚声世界体坛。

西商赛马体育会／西商跑马场

1902 年，英国人从刘歆生手中购得汉口西北部水荒地 53 公顷。1905 年经英国人倡议，法、德、俄、日、比等六国商人参与，在这块土地上辟建西商赛马体育会，也称洋商赛马会、六国跑马场、西商跑马场。

西商跑马场以今解放公园为中心，但面积却大 50% 以上，范围大约在今中山大道六合路口斜对面，大门至二道门（今武汉歌舞剧院）有长约 500 米、宽 20 米的柏油路，二道门起有 3 米高的水泥围墙，沿东墙至今永清路口，再折向北至今惠济路，沿西墙绕今解放公园路至今市委大门。马场内的马道沿途有里程标杆，终点处有双层公证亭，裁判人员在上层监视竞赛全景，以便记录；下层用作摄影，在出现胜负争议时作证据。亭旁建有小型看台供洋人使用，另有侧门和可容纳万名观众的两层看台，上层为平台，下层为台阶式，主要供华人出入和观看赛马。

赛马会由 7 人组成董事会，董事长必须是英国人，具体办事机构为写字间（办公室），主管赛马会事务。赛马活动分春、秋、冬三季举行，每季赛 7 天，春季每天赛 10 场左右，秋、冬季每天赛 6 ~ 7 场。

西商跑马场旧影

每季集中进行一次“香槟赛”（决赛），季末与华商合赛。每场赛毕，由英国巡捕房乐队奏乐助兴。只要进入香槟赛，外国洋行、银行便放假半天看赛马。

骑师所用赛马，多从张家口购买。骑师不分国籍，经赛马会审查合格者即可参赛。中国骑师何介德、韦耀章、韦伯华、何国栋、邬志运、计海韬等人都曾在赛马场上名噪一时。

董事会实行会员制，入会需缴纳高额会费，故会员大多是在汉领事官，高级职员，银行行长，洋行大班、副班，及海关税务司、邮局邮务司、盐局盐务司或其他高收入外侨。除赛马外，该会还有一个18洞的高尔夫球场和足球场、网球场、游泳池。凡是会员们喜爱的运动设施，样样齐备。

1933年春，在西商跑马场内举办过一次大快人心的足球赛。汉口博学中学学生足球队来到跑马场，同英、法、德、日等八国商人足球联队进行比赛，以4 ：2击败外国足球联队。1941年底，日本人强行接管赛马会，改由日清公司大班任董事长。1945年日本投降，复由英国接管。

基督教青年会和近代体育活动的开展

汉口基督教青年会是武汉近代体育活动的倡导与推广者，1911年该会首创夏令营活动，1933年夏举办了规模较大的长江流域少年营行动；1934年7月10日—8月20日，又在庐山牯岭莲花谷青年会举办少年营，吸引众多少年儿童参与。

20世纪20年代以后，该会田径运动蓬勃发展。1923年，在日本大阪举行第六届远东运动会，该会运动员杜荣棠以108英尺的成绩，创造了全国掷铁饼新纪录。1928年，在荷兰阿姆斯特丹举办第九届奥林匹克运动会，该会体育总干事宋如海受中华全国体育西进会委派，

作为中国观察员出席开幕式。1936 年，宋如海又赴德国柏林参加第十一届奥林匹克运动会，成为湖北第一个亲临奥林匹克运动会的体育人士。

该会积极推广球类运动，从 20 世纪 20 年代初便开始定期举办大型篮球竞赛，直接促进各类业余篮球队的涌现，会内设有室内篮球场，供人练习。该会也努力推广队球（即排球）运动。队球无场地设施和竞赛规则，属游戏活动，不如篮球普及，但该会坚持推广并组队训练。1924 年 5 月 22—24 日在武昌举办第三届全国运动会，该会的队球代表队参赛，获全国第 4 名。1934 年 9 月该会举办汉口第一届男、女队球赛，共有 8 支男队、4 支女队参加。这次比赛极大地促进了学校队球运动的发展。1937 年，汉口市代表队又在第八届湖北省运动会队球比赛中获得冠军。

20 年代末，该会健身房设有两张乒乓球台供会员使用。30 年代后乒乓球运动已普及，爱好者自发组织球队，不时开展双边比赛。

1932 年，以宋如海为核心组织汉口体育协进会，旨在提倡体育事业，增进民众健康。当年 10 月 29—30 日，汉口市将举行第三届市民运动会，为使运动会如期开办，宋如海和罗慎初、赵兰泉等负责人出面募捐 600 元，并向各界征集赠送大会的奖品。运动会开幕时，发售每券 1 角的门票。

随着三镇民众体育社团增多，宋如海在汉口市政府体育委员会支持下，联合汉阳、武昌体育界人士，在 1934 年底将汉口体育协进会改为武汉体育协进会，武汉沦陷时期停止活动。1947 年，恢复汉口体育协进会，下设理事会、总干事以及总务组、出纳组、票务组和足球、篮球、排球、裁判四个委员会。1949 年后，该会停止活动。

横渡长江活动

武汉的湖泊星罗棋布，加之两江交汇，游泳自古深受人们喜爱。

清末时，清军中便有泅湖渡江的游泳技能训练。20世纪30年代，武汉始有小规模的横渡长江竞赛。1934年9月9日，武汉警备旅官兵与体育界人士联手，在武汉举办第一次横渡长江竞赛活动，49名运动员从汉阳门码头下水，到三北码头（今长江航道局汉口航道站打捞专用码头）上岸，全程5000米，共有39人完成比赛。第一名是武汉警备旅军士鞠华强，张学良将军颁给他“力挽狂澜”银盾。国民党省府主席张群和警务司令叶蓬也参与发奖并讲话。1935年9月22日和1936年8月23日，又连续两年举行横渡长江竞赛，以武汉警备旅军士为主，仍在三北码头上岸，参加人数分别为210人和176人。第三次比赛结束后，由汉口市长吴国桢和夫人黄卓群为获胜者颁奖。

武汉有组织的渡江活动，下水点在武昌，起水点大多在江岸，有三北码头、油脂公司码头、三阳路码头等，江滩公园建成前，起水最多的地点在滨江公园。

1956年毛泽东主席视察武汉，以伟大的革命家气魄，分别于5月31日，6月2日、3日连续三次畅游长江，写下著名的《水调歌头·游泳》诗篇。湖北省、武汉市党政领导由此萌发了组织集体横渡长江的念头。6月3日这天，毛泽东听取市体委领导人准备组织“支

毛泽东主席横渡长江

援解放台湾横渡长江的游泳竞赛”活动时，连连称好，并指示：“你们千万要注意，不要淹死一个人。”于是就有了6月24日、30日分两批举行的武汉市第一届横渡长江竞赛活动。湖北省委书记王任重、武汉市委书记处书记李尔重、分管体育的副市长孙耀华作为省市党政领导和1952名竞渡健儿（女运动员21人）一起横渡长江，顺利到达终点。在毛泽东的亲自实践和倡导下，武汉有组织的大规模横渡长江活动揭开序幕。

1958年9月，毛泽东再次在武汉畅游长江时提出：“全国的江河这样多，能不能都利用起来游泳呢？全国六亿人口，能不能有三亿人来游泳呢？”1963年第八届渡江活动时，原北京电视台（中央电视台的前身）的制作人员专程来汉，第一次通过电视屏幕向亿万观众展示武汉人民搏击风浪的精彩画面。

1966年7月16日，武汉举办第十一届横渡长江游泳竞赛活动，毛泽东检阅5000名游泳健儿后，于11时许从大堤口码头下水，一直游到武钢附近，游程15千米，历时1小时零5分。畅游时，毛泽东对陪游者说：“长江又宽又深，是游泳的好地方。”“长江水深流急，可以锻炼身体，可以锻炼意志。”《人民日报》发表社论，中央电视台制作电视片《毛主席畅游长江》向全国播放。此后，7月16日被确定为毛泽东畅游长江纪念日和群众性横渡长江的日子。

2016年12月14日，武汉横渡长江博物馆在江滩正式开馆，这是全国首座以横渡长江为主题的博物馆，采用苏式建筑风格，共7层，其中4层以上采用退台式设计，形成了3级360度全景观江平台，在此登高可眺望长江两岸，俯瞰江滩美景。馆内展示了毛泽东主席在武汉横渡长江的历史、武汉历次群众性渡江活动盛况，以及三镇历史悠久的渡江习俗和文化。确实，群众性横渡长江活动是武汉人民的创举，它培养了武汉人民履大江如平地的革命英雄气概。一位澳大利亚朋友发表渡江观感时赞不绝口：“像这样大规模的渡江，我还是第一次看到，可以说打破了世界纪录。”是的，打破世界纪录的不仅有大规模的群众性畅游长江活动，还有分管体育的前副市长孙耀华，1992年他以83岁高龄第10次横渡长江，是历届渡江竞赛中年龄最长的横渡者。

1993年，武汉首次举办国际渡江节。1996年后，因长江防汛等原因一度中断4年。2001年抢渡长江挑战赛重现江城。2024年，武汉在第49届渡江活动中，首次运用信息化手段开展赛事保障，为所有选手提供更加精准、高效的安全保障。

新中国时期的篮球运动

20世纪30年代前期，武汉唯一的室内篮球场在黎黄陂路口的基督教青年汉口会所内，室内有灯光设备，晚上也能举行比赛和表演。那时，汉口精彩的篮球表演和比赛均在这里举行。青年会附属的汉光中学内，有露天篮球场，是学校进行篮球运动的地方。中国早期的篮球国手王世选、刘振元和名将葛克以及被誉为“五虎将”之一的郑森，都曾在青年会篮球场内一显身手。

50年代，武汉篮球运动很普及。今市第二医院老宿舍处，曾建有鄱阳街灯光篮球场，水泥地面，场内有木看台。中南区的甲级篮球队汉星、后勤、军政大学、攻坚（部队球队）、文化和军需（中南军区队）六个队经常在这里比赛；乙级队则有星群（上智中学学生队）、汉星（市二中学生队）、零售公司、裕华纱厂等篮球队。通过上述队伍的比赛，选出了中南区篮球代表队，其主力队员杨福鹿、胡文学、黄可根、王镜湖和屠文龙都是武汉人。苏联国家男子篮球队来汉时，这五名主力队员代表武汉工人队和他们进行了友谊赛。他们还多次代表中南区到北京和华东、东北、华北、西南、西北等大区的代表队比赛。表现优异的杨福鹿成为武汉第一个入选国家篮球队的队员，退役后担任国家女篮教练，带领中国女篮远征欧洲的活动，被《中国女篮在瑞士》这部纪录片记录下来，并在全国各地上映。

学校篮球运动也非常兴旺。1959年，为庆祝中华人民共和国成立十周年，江岸区各中学举办了女子篮球赛，武汉市第十八女中篮球队击败市第二十女中队和球技高超的第十六女中队，取得冠军，后代

表江岸区参与全市比赛，获得 1959 年武汉市青年女篮冠军。

中国象棋特级大师

李义庭（1938—2014），12 岁开始学习象棋，棋艺如疾风突起，进展神速，棋风如长江巨浪，气势磅礴。广州棋坛高手曾益谦北上武汉，初见李义庭就曾预言“此子必将成国手无疑”。李义庭后拜著名棋手罗天扬为师，1956 参加全国第一届中国象棋锦标赛获第 4 名；1958 年，年仅 20 岁即获全国冠军，是江岸区最早获得全国体育冠军的运动员。1956—1965 年的全国比赛他每场必到，除 1959 年名列第九外，其他全部进入前六名。1965 年以后，李义庭主要致力于培育新人和组织指导棋类运动的普及工作；1974 年他力排众议，推荐柳大华代表湖北参加全国象棋比赛，成就了湖北省的又一位象棋特级大师；1979 年，出任武汉合作路体育馆副馆长。1984 年，李义庭被国家体委授予“中国象棋特级大师”称号。

柳大华（1950—　），10 岁开始学棋，1963 年参加湖北省少年棋类比赛获中国象棋冠军，同年又获中南五省少年棋赛亚军；1974 年参加全国象棋比赛，1978 年获第三名，1979 年获亚军；1980 年 9 月击败“十连霸”的象棋大师胡荣华，成为棋坛“新科状元”，翌年蝉联全国冠军。他在五羊杯全国象棋冠军赛中，两度为武汉捧回“景泰蓝”杯；在澳门首届中国象棋亚洲杯比赛中，为中国队荣获团体冠军立下大功。他曾代表中国象棋队访问香港、澳门地区和新加坡、马来西亚及法国，参加友谊比赛

李义庭

柳大华

和精彩表演，被法国人称为“东方电脑”。其棋风以勇猛著称，尤以“屏风马”布局精深，善于弃子入局，还特别擅长“盲棋车轮战”。1995年，他在北京创下1对19人的盲棋最高纪录，被国人誉为“棋王”。

跳水世界冠军

20世纪80年代中期以后，洞庭街小学一度名扬中国，因为周继红、伏明霞两位世界级女子跳水冠军均出自该小学。

周继红（1965—　），1972年冬进入合作路体育场业余体校体操班训练，1977年初改学跳水，1978年入选省跳水队，1981年入选国家队，1983年4月在美国休斯敦举办的第三届世界杯跳水比赛中获女子跳台跳水冠军，1984年8月在美国洛杉矶第23届奥运会上，以435.51分获女子跳台跳水金牌，是中国跳水队在奥运会上获得的第一枚跳水金牌，同年，被《游泳世界》杂志评为女子跳台跳水年度最佳运动员。周继红1986年退役，1990年担任国家跳水队教练，1994年入选国际水上名人堂，成为进入该堂的第一位中国运动员。1998年国家跳水队陷入低谷，她受命担任领队。1999年在世界锦标赛上，她带领国家跳水队获得10个项目中的9块金牌。2021年6月，周继红当选国际泳联副主席。

周继红

伏明霞（1977—　）武汉市人，8岁入选省跳水运动学校，9岁时被跳水教练于芬发现，开始到北京训练，1986年入选省跳水队，1989年进入中国跳水少年集训班。1991年1月，在澳大利亚举办的第6届世界游泳锦标赛上，伏明霞以426.50分的成绩获得女子10米

伏明霞

跳台自选动作金牌。她 1992 年在美国举办的国际跳水邀请赛上获跳台跳水冠军，同年又在西班牙巴塞罗那举办的第 25 届奥运会跳水比赛中，以 461.43 分的成绩夺得女子 10 米跳台金牌，成为奥运史上最年轻的冠军运动员。1996 年在亚特兰大第 26 届奥运会上，伏明霞以领先德国选手安妮 42 分、领先俄罗斯选手拉什科 22 分的绝对优势，卫冕跳台跳水冠军，成为奥运史上最年轻的、蝉联两届跳台跳水冠军的运动员。2000 年 9 月 23 日，在悉尼举办的第 27 届奥运会女子单人 3 米板决赛中，她以 609.42 分的成绩夺得冠军，奥运会后退役。

其他体育明星

体操　黄力平（1972—　）武汉市人，1997 年从黎黄陂路小学入选合作路灯光球场业余体校，1984 年进入省体操队。由于他基本功扎实，动作线条好、有美感，无弱项，是不可多得的艺术型和全能型运动员，1985 年 11 月入选国家队。1994 年，黄力平在澳大利亚世界体操锦标赛上获双杠金牌；同年 10 月在日本广岛举办的第 12 届亚运会上，获双杠、团体两枚金牌，男子全能、单杠两枚银牌；1996 年 7 月，在亚特兰大举办的第 26 届奥运会上获男子体操团体银牌。黄力平在奥运会后退役，通过考试成为中国最年轻的国际级体操裁判，曾任中国体操女队教练和广东省佛山市李宁体操学校总教练。

黄力平

射击　湖北射击队也曾辉煌过。20 世纪 70 年代后期到 90 年代初，男子步枪在国内处于领先地位。张克忠（1957—　），1972 年从武汉二中入选省射击队；1982 年在印度新德里举办的第 9 届亚运会上获男子小口径自选步枪 3×40 团体、气步枪 60 发团体两枚金牌，男子小口径自选步枪 3×40 个人银牌；1983 年在亚洲射击锦标赛上摘得两金一银；1987 年在世界杯射击赛上获得第三名。作为国际级运动健将，张克忠曾任湖北省体育局射击运动管理中心主任。

乒乓球　1964 年，铭新街小学体育教师罗先鸣组织成立学校乒乓球队，在课余时间进行训练。几年间，有 23 名乒乓球小选手被输送到国家队、省队，其中 13 人先后获得湖北省乒乓球赛冠军。黄俊群、扬六莽、罗竞、杨占红、罗蕾等也接连进入国家队。最优秀的队员黄俊群 1973 年 11 岁入选省队，1979 年入选国家队，是中国第一位直板长胶倒板全攻型打法的世界冠军。1981 年 4 月在南斯拉夫第 36 届世界乒乓球锦标赛上，她和直板快攻名将谢赛克合作获混双冠军，和耿丽娟合作获女双第三名。1983 年 4 月，在日本东京第 37 届世界乒乓球锦标赛上，黄俊群获女单第三名、女双亚军、混双第三名。1981 年，她获得国家体育运动荣誉奖章，后任湖北省乒乓球队教练。

划船、赛艇　20 世纪 60 年代，武汉二中建有游泳池，开有游泳课。该校出了两名划船和赛艇的省队运动员，与此也许有关系。该校 1975 届毕业生冯援华，当年入选省划船队，1975—1983 年共获亚洲及全国比赛 30 多枚金牌，后任省划船队皮艇主管教练，高级训练员。该校 1976 届毕业生贺俐，1985 年在亚洲赛艇锦标赛中获双人单桨赛艇金牌，1986 年在韩国汉城第十届亚运会上获女子四人单桨赛艇金牌，1984—1986 年在全国赛艇锦标赛和优秀选手冠军赛中获双人单桨赛艇冠军。

赛艇

同舟济世仁心在
钟磬交鸣颂岁华

12 宗教建筑

江岸是不同宗教相对集中的区域。佛教、伊斯兰教、基督教、天主教都有教堂和宗教活动；近百年来，宗教组织及教众在医院、教育、慈善、救济、殡葬等公益事业上以及引进新文化、新知识，促进社会、文化、经济建设与国际交流方面，都有重要作用，其建筑也各有特色。

从古德茅蓬到古德禅寺

1877年，古德寺的开山鼻祖隆常禅师来到今黄浦路北段、解放大道东段的一片坡地上，搭起一座小小的寺庙，称古德茅蓬；随着后湖的变迁以及周边人口的增多，前来烧香许愿的人多了起来。1905年，小庙进行了第一次扩建。民国初年，昌央法师又组织扩建，定名古德禅寺。据说该寺请有《藏经》以加强在佛寺中的地位。

辛亥革命阳夏战争时，寺内僧众自发救护民军，还将牺牲的数百名民军遗骸葬在古德寺后的义冢中，后受到民国政府嘉奖。1912年4月13日，孙文及随员到古德茅蓬凭吊无名烈士公墓。1914年黎元洪任副总统后，曾亲笔题写“古德禅寺”匾额悬于山门之上。

1921年秋，古德寺开始大规模地扩建，重修大雄宝殿等殿宇。大雄宝殿仿缅甸著名佛寺阿难陀寺风格建造，其正方形大殿殿基27米见方，内空高达16米，殿内可容千人。殿顶有象征五佛四菩萨的九座佛塔，塔周围有九十六个莲花墩和二十四诸天菩萨像，精雕细刻，造型优美。殿内居中供奉释迦牟尼、药师佛和弥陀佛三尊大佛的丈六金身，

古德禅寺

均盘坐在八级莲花座上，这种三佛同殿的安排很少见，且三佛前还保留着古德茅蓬时代供奉的三尊同名佛像，虽形体小很多，但更少见。三佛背后为西方三圣、二十四诸天，及文殊、普贤菩萨塑像。此殿是中缅两国历史文化交流的实物例证，古德寺也因此殿的建筑风格而弥足珍贵。

1931 年大水时古德寺被淹没，水退后进行修复，前后历时多年终告竣工。因邻近日租界，武汉抗战期间古德寺多次遭轰炸，辛亥无名烈士公墓损毁。

古德寺坐东朝西，布局严谨，环境清幽。进山门过甬道，进入天王殿，殿内供奉佛寺守护神韦陀菩萨和四大天王。穿过殿后院落，即达大雄宝殿，大雄宝殿左侧有方丈室、觉幻室、观音堂、藏经楼等，右侧生活区有寺僧寮房、客堂、斋堂，寺后及左侧还有菜园和竹园。

“文化大革命”期间，寺内佛像被毁，很多珍贵文物下落不明；解放军 8201 部队和武汉市公安局甄别管教所先后进驻。1974 年武汉照相机厂进入。

1996 年 9 月，古德寺腾退。市佛教协会演顺法师率领尼众弟子入住古德寺，恢复宗教活动。1997 年香港商人张紫珊出资，将代表慈悲、仁爱、博爱和公正的四面佛从泰国请到古德寺，供在大殿外。四面佛是小乘佛教供奉的诸佛之一，亦称四面神。

2013 年，古德寺被列入全国重点文物保护单位。

从刘家庙清真寺到江岸清真寺

1906 年河南周口地区遭灾，一些回族难民扒火车到汉口，在刘家庙一带荒地上搭盖窝棚居住，以搬运、拉人力车谋生。回民习惯围寺而居，出于宗教生活的需要，河南回民们便于 1918 年在刘家庙附近（原二七街南边铁路第一小学附近）盖起一座简易清真寺，称刘家庙清真寺，俗称河南寺。

江岸清真寺

军阀吴佩孚军队驻扎汉口时，在清真寺内喂马，回民礼拜被迫停顿。1920 年，回民又募集款项在铁路边森林处买下一小楼作为清真寺，于 1937 年毁于战火。后铁路扩建又占用清真寺地基，回民只得再次筹款，在今永和里 83 号购得楼房一栋，恢复清真寺。1967 年，因辟建二七纪念馆，刘家庙一带出现二七路等以“二七”命名的系列路名，清真寺遂改称二七街清真寺。

二七街清真寺因年久失修倒塌，回民再次集资在原地修建，形成有殿房、水房和北屋的清真寺一座。永和里口也设立国营永和回族居民副食品商店，专为回民供应生活用品及清真牛羊肉。“文化大革命”期间，清真寺被占用，停止宗教活动。1980 年后，市政府颁发多个文件，动员占用单位退出宗教活动场所，清真寺方恢复宗教活动。之后，市伊斯兰教协会拨款维修清真寺，加盖北屋讲堂，在水房添置锅炉，又粉刷装饰了礼拜殿。

袁圣和担任阿訇时，其妻邀约河南籍妇女在其住屋内沐浴礼拜、学念经文；后在清真寺北屋楼上，正式辟出清真女学场地，供妇女参加礼拜活动。

2002 年清真寺墙体下陷，成为危房，当年即进行了大规模改造，2006 年 9 月 18 日伊斯兰教斋月来临之前正式启用，更名江岸清真寺。新寺占地 1400 平方米，主体建筑三层共 1000 平方米。

从圣约瑟天主堂到上海路天主堂

1866年，意大利天主教方济各会主教明位笃从武昌来到汉口，在江边徘徊良久后，到英租界工部局，用低价购得江边一大块沼泽地。1874年，明位笃委托意籍传教士余作宾在此处修建鄂东代牧区经理处并设计教堂。1876年，他又耗费12万法郎，请孙裕泰营造厂在经理处左侧承建教堂（即今上海路天主堂），教堂奉耶稣义父约瑟为主保，故称圣约瑟天主堂，是武汉面积最大的天主教堂。

天主堂是巴洛克风格的代表性建筑物，正立面雄伟肃穆，内部采用拉丁十字马西利卡式长方形大厅，几排柱子将大厅分为几个长条空间，其中中央厅堂长40米，宽26米，堂内三拱廊的中间正厅宽14米，正面地坪到堂顶十字架处高22米，大厅后面设有圆拱，正殿后侧左右各有圆形塔式钟塔一座。

20世纪初，天主教鄂东教区活动中心由武昌移至汉口。1923年划分教区时，天主堂成为汉口代牧区、汉口总主教区的主教座堂。这里举办过两次非常有影响力的宗教活动：1934年11月4日，由罗马教廷驻华代表蔡宁总主教主礼，在汉口市内举行为和平祈祷的圣体大游行，参加者达2万余人；1938年1月18日上午，以天主教中华公教进行会的名义，又在教堂隆重举行追悼抗日阵亡将士和死难平民的祭典。

1911年，教堂集资在今天津路口创办汉口私立学校，俗称英国小学。由汉口景明洋行设计的两层砖木结构的校舍，具有教堂风格，由汉协盛营造厂承建。学校教师均为外籍人士，专收外国侨民子女，1941年太平洋战争爆发后停办。1944年12月10日美军轰炸汉口时，教堂和主教府部分被炸毁。1948年修复时，被炸毁的一个钟楼未恢复。

1958年4月13日，武汉天主教教友在天主堂为董光清等二人隆重举行“祝圣典礼”，这是中国天主教会第一次祝圣自选主教。“文化大革命”中教堂被封闭，1980 年 4 月重新开堂。1986 年 6 月 8 日，董光清大主教主礼举行祈祷世界和平大礼弥撒和圣体游行。今教堂前院为教堂和主教公署，后院为武汉修女院。

2008 年，汉口上海路天主堂被纳入省级文物保护单位。

从基督教格非堂到荣光堂

1861 年，英国基督教伦敦差会传教士杨格非乘坐英国军舰由上海来汉，成为最早到达华中地区的传教士，是华中地区基督教组织的开创者。

1931 年，在杨格非 100 周年诞辰纪念日，伦敦差会捐送位于模范区云樵路（今黄石路）的一块地基，耗银 10.15 万元兴建教堂，1932 年落成，以杨格非之名命名格非堂。教堂面积 1191 平方米，可容会众 1000 人左右，一层为会客室、办公室和小礼拜堂，二层为礼拜大堂，三层仅四周有开放式小型观礼台。

1932 年初，《格非堂月报》开办，初以报道堂务情况为主，后逐渐增辟宗教专著、消息报告等栏目，间或涉及整个教会，后改称《汉口中华基督教会月报》。

格非堂成立以传教布道为主的奋兴布道会，不定期请著名“奋兴家”林宏斌、王明道、蒋彼得等十余人前来布道，每期三至五天不等。1933 年，青年信徒杨征远等在教会内开办青年励志社，性质与青年会相似，办有唱诗班。会内的妇女组织多加会，组织妇女们义务挑花刺绣，每年感恩节礼拜时义卖绣品，所得捐入教会，抗战时期停办。

1938 年 3 月 6 日，冯玉祥、孔祥熙等人以基督徒名义发起，在格非堂成立全国基督教联合会，推举蒋介石为名誉会长，号召全国基督徒联合一致，抗日救国，抗战到底。联合会成立基督教负伤将士服务队，足迹遍及鄂、豫、陕、皖、赣等省。武汉沦陷前，联合会迁往重庆。

荣光堂

武汉沦陷后，日军将格非堂改为日本庙宇，称“皇民道场”，存放日本人骨灰；妇女会成了日本和尚住宅。堂内教士们被迫迁入懿训中学，在学校开办懿训公寓（难民收容所），为公寓内教牧人员、信徒及难民约300人提供饮食，费用由伦敦会从国际协济会募捐。太平洋战争爆发后，日军又占领懿训中学，教士们遂借用圣保罗堂开展宗教活动，抗战胜利后恢复礼拜。

1951年，格非堂依据圣经“在天上有和平，在至高之处有荣光”之句更名荣光堂。1958年，全市基督教举行联合礼拜，荣光堂成为武汉四大基督教堂之一。“文化大革命”期间荣光堂停止活动，1980年11月恢复，成为全市现存最大的基督教礼拜堂，基督教盛大聚会多在此举行。

今荣光堂正立面钟楼高耸，红瓦两坡以十字架中分，整个建筑显得朴实大方，其右墙脚的奠基石保存完好。

基督教圣保罗座堂

1890年，基督教圣公会在鄱阳街和北京路交界处建起圣保罗堂。1902年鄂湘皖赣的圣公会自成一教区后，教堂成为主教驻节之地，改称座堂。主教鲁兹（1870—1945，中文名吴德施）1899年到座堂任堂牧，1904年11月升任教区主教。1913年，座堂后修建了两层砖木结构的楼房，供鲁兹和家人居住，后称为鲁兹故居。1899—1938年，鲁兹和家人一直居住在汉口。

鲁兹故居

鲁兹对中国革命的贡献非常大。阳夏战争时他任汉口救灾委员会主席，把座堂改成临时伤兵医院，救治受伤民军。夫人顾美玉是医护人员，经常佩戴红十字会臂章，往来于火线。中华民国成立后，副总统黎元洪颁给顾美玉一枚奖章，嘉奖其对辛亥革命的贡献。

20 世纪 30 年代，中国呈现复杂多变的政治局面，鲁兹在美国教会刊物《传教精神》1933 年 2 月号发表文章，比较客观地介绍了中国政局。鲁兹与蒋介石、宋美龄交往多年，曾接待过冯玉祥、孔祥熙、宋子文、张群、吴国桢等人，抗战初期，又多次和国际友人一起参加八路军驻汉办事处的活动，与周恩来、宋庆龄、彭德怀都保持着友谊。他的家也是新闻记者、外交人员和社会工作者的活动场所，艾格尼丝·史沫特莱、安娜·路易斯·斯特朗、诺尔曼·白求恩等国际友人都在他家住过，他们曾一起支持八路军抗战。1938 年 4 月 19 日鲁兹回国前，周恩来赠与亲笔题词，并在八路军驻汉办事处为他举行了告别宴会。

进入座堂礼拜的信徒社会地位较高。20 世纪 30 年代，汉口市市长吴国桢在座堂受洗。著名银行家崔思恭、著名桥梁工程专家戴尔滨曾任该堂董事会主席。座堂附设有圣保罗幼稚园、歌颂中学、圣保罗中学等。著名科学家朱光亚曾在圣保罗中学就读。当年的幼稚园后来改办洞庭街小学。1944 年 12 月 18 日，座堂被美军飞机炸毁，1951 年在废墟上重建新堂。

1971 年美国总统尼克松访华时，国际记者和作家约翰受邀随同前来，参与了对周恩来总理的采访。约翰回到美国后，在《时代》杂志和《纽约时报》上刊登访问周恩来总理的报道。1974年10月，约翰又是周恩来在医院最后接见的两位美国人之一。约翰回美国后撰写的《周恩来传》于1978年出版。这位约翰之所以得到周恩来的厚待，因为他是鲁兹主教的儿子。

1992年12月，鲁兹故居成为省级文物保护单位。2005年12月，因城市改造，圣保罗座堂被拆除。

从阿列克桑德聂夫堂到汉口东正教堂

1995年，俄国茶商李凡诺夫的孙女从美国来到汉口，先参观李凡诺夫公馆，后参观东正教堂。她为汉口至今还有保存完好的俄国历史遗存感到兴奋。

1861年汉口开埠以后，顺丰、新泰、阜昌等一批俄国砖茶公司来汉口经营，尤其是三家砖茶厂的设立，使得在汉俄国人数量大增。茶商遂与首任驻汉领事夏德尔商议修建一座东正教堂，以满足宗教事务需求。1876年5月2日，建堂要求获得俄驻华东正教总会的许可，俄商开始捐资，欲修建东正教行堂，建堂材料由在汉俄国茶商彼特·波特金从俄国运来。1885年俄国驻汉副领事伊凡诺夫将行堂改建为正式教堂，俄国驻北京东正教派修士、大司祭尼可莱乙·阿多拉次乞乙来汉主持献堂仪式，将教堂命名为阿列克桑德聂夫堂。

汉口东正教堂

1891年，新泰茶厂为庆祝建厂25

周年举办盛大宴会和展览，俄国皇太子尼古拉·亚历山德罗维奇来汉参加庆典。时任湖广总督张之洞在晴川阁设宴，为俄国皇太子接风。皇太子在汉期间，俄商将特别展出的中国各色丝绸和汉货土产、陈列的砖茶、制作砖茶的工具（包括早期的手工压机和最新的蒸汽机模型），等等，作为礼品全部献给皇太子，皇太子便许诺捐赠一座教堂给在汉的俄国侨民。

1893 年在原址改建新教堂。新的东正教堂可能是以当时沙皇亚历山大三世之名捐赠的，故一度称为“亚历山大堂”。据俄罗斯宗教学者考证，汉口东正教堂是俄罗斯境外现存建造时间最早的东正教堂。武汉城市规划专家蓝毓柱用建筑术语评述道：“教堂采用东正教的集中式，与天主教的巴西利卡式显然不同。礼拜堂外观近乎六面体，运用拜占庭攒尖式穹顶和拱券。”蓝毓柱还说：这是汉口唯一的典型俄罗斯风格建筑。

2014 年 6 月，汉口东正教堂被列为湖北省文物保护单位。

印度教堂

19 世纪中叶，印度还是英国的殖民地，为管理英租界，工部局下设的巡捕房（即警察科）全部雇佣印度人当巡捕。印度人头戴红布编缠的头帽，被称为“红头阿三”。当时，汉口居民只要看见“红头阿三”，就知道印度巡捕来了。竹枝词《印捕》用“虬髯鹘眼好昂藏，不是东西两大洋”来形容他们的模样，用“身毒释迦称佛祖，至今祖国可曾亡”来形容他们出生在佛祖的国家。

租界内其他行政机构也雇佣印度人做门卫和巡警。不少印度人携家带口来汉，在英租界内开公司、设洋行，经营绢织品、刺绣品和食品等的进出口业务。印度人在汉口形成一定的数量和规模后，宗教活动就成为他们的必需。他们纷纷募捐集资，购买了天津路的一片土地，

这就是江岸

天 生 江 岸　　一 脉 风 华

这就是江岸

江岸风华

JIANG'AN FENGHUA

用印度教堂的图纸，请杨汉昌营造厂建印度教堂。教堂主体部分高于两侧配楼，屋顶为穹顶模样，1911 年建成开放。

印度教堂和俄罗斯东正教堂隔街相望，一个东方风格的教堂，一座西方风格的教堂，同时立于一条街上，让当时的天津路呈现出不同宗教同时并存的神秘感。

1927 年，武汉国民政府收回英租界，部分印度人回国。1941 年太平洋战争爆发后，印度人回国的速度加快。1945 年抗战胜利时，在汉印度人已寥寥无几。1950 年后，印度教堂无人打理，人民政府遂接管教堂，将其拨给武汉市蔬菜公司作为仓库使用。1966 年，该公司为“破四旧”大改教堂，将屋顶四角极具印度特色的印度塔顶和穹顶等艺术装饰全部拆除，使之成为简单的四方形建筑。失去特色的教堂渐渐被人遗忘，最终成为居民住宅，一楼为商业铺面。

时装绸缎日翻新

簇锦团花色样陈

13 百年老店·衣

晚清至1949年，汉口一直是周边地区的服装业中心。1946—1948年，汉口服装工艺之精湛，款式之新颖，在全国已数一数二。祥康、怡和、首家、白海记等服装店和茂记皮鞋等知名店铺，更是以精制高档男、女式服装和皮鞋闻名。1980年祥康、怡和、首家被武汉市命名为特级店铺。

祥康服装店

1909年，宁波师傅陈章尧在今车站路附近开办祥康服装店。陈章尧本来在汉口做“包袱”生意（指有经营执照，无门面，只能拎着包袱带着布样本，流动接活，返家缝制的裁缝），因生意比较兴隆，遂开店营业。20年代小店初具规模时，西服开始流行，陈章尧顺应时风，迁店至三德里，开始专营高级男式毛料西服的定制加工、来料加工业务，成为洋人和富裕者光顾的西服店。

“西人服尚亦分时，修短秾纤自合宜”就是描述民国年间部分华人崇尚洋风、争穿西服的风气。至30年代末，祥康已是三镇首屈一指的服装店了。此时，祥康店堂有100多平方米，店内货架上，陈列着进口的各色毛料供顾客挑选；店内有试衣间、试衣镜，还有一匹木马，专给定制马裤的顾客试穿时使用。穿上新马裤的顾客跃上木马、摆出疾驰的模样，确实能博人眼球。此时的祥康，很顾及服装小店的生意，小店不能大批进料，若有生意，可随时到祥康购买衣料。

与同行业比，同样的料子做衣服，祥康加工费要高20%，但生意依然兴隆。原因在四点：讲究定型程序，全用手针撩就；辅料也同样讲究；顾客若不满意，则修改到满意为止；把好取衣关，如果衣服确实裁剪不合适，店堂先生会用剪刀将衣领剪破，重做一件赔偿。

祥康服装店

1956年实行公私合营，祥康迁至五芳斋对面营业，1963年又迁至江汉路口，当年生产中高档服装2万件，1965年达到4万件。值得说道的是，50年代后，湖北全省出国人员的男装均在祥康订制，各国在汉男宾需要做衣服，外事部门也介绍到祥康订制。80年代，祥康改称扬子江服装厂。

怡和服装店

1931年，怡和服装店由邹佩庭在武昌开办，1946年迁往汉口。怡和男女服装兼做，但以男服为主，常年雇佣工人都在数十人，旺季人手更多，是汉口精做高档毛呢服装的名店之一。40年代后期，汉口西服业同业公会曾推选邹佩庭担任同业公会理事长。

1956年合作化高潮时，除祥康、首家两店外，江岸区的慎记、信孚、新民、艾新记、胜家等西服店均并于怡和，称怡和总店，分设5个门市部，职工达百人，年产服装1.4万件。50年代，店里很少做毛料服装，大多做布衣。60年代的成衣，大部分也由咔叽、灯芯绒、的确良、锦纶华达呢等布料做成。“文化大革命”期间，怡和之名因与英商怡和洋行同名，便改名“反帝”，后又改称人民服装店。70年代以后，毛呢服装的制作逐渐增多，又逐步恢复来料加工、单裁单制业务，但多以中档产品为主。

怡和服装店

1979年，怡和带头恢复选料定制业务，按照服装业传统经营方式，专营高档服装，自备各种毛呢面料，由顾客挑选定制并恢复试穿制度。

首家服装店

1944年创办，以精制女式西服出名。自建店以来，一直实行前店后厂的生产经营形式。因其对服装的要求是做工精细、讲求信誉，也是全市公认的名厂名店。首家有位名师张太和，在店内服务了几十年，对女装的设计和造型造诣很深，他设计的数百种女式服装，不仅在武汉流行，还被外地服装仿制。

1956年公私合营，1958年市政府将汉口烈军属缝纫厂的30余名员工并入首家。1964年9月，中共武汉市委决定，把服装行业移交给手工业局管理，但市一商业局并未完全执行该决定，而是把首家、公记、怡和、祥康等12家名牌厂店留下继续商管。1965年公记并入首家。60年代以前，首家以来料加工为主，70年代逐步转为自产自销为主。

80年代后，《长江日报》曾举行“名厂名店”征联活动，收到多首对首家服装的赞誉联，录其中一首——“欲向天工夺魁首，问鼎荆楚创一家”。

首家服装店

白海记时装厂

1938年，黄陂裁缝白海山在华清街新康里开办“白海记”小成衣店，经营便装业务。

白海山曾到郑州、上海跟从名师学习，综合各家之长形成了自己的独特风格，在女式旗袍制作上颇有心得。40年代初，汉上著名歌女华香林在该店订制一件紧身绲边嵌牙的长旗袍，穿上后出入各大酒吧间和歌厅，让人艳羡不已。此后，到该店定制旗袍的人络绎不绝。

该店旗袍均采用镶绲、嵌牙工艺制作，花色品种丰富，做工十分精细。先按顾客体型做成毛样，顾客试穿满意后才会缝好。缝制过程有刮浆、被领、贴领面、翻大襟、烫牙口袖口、袖包带条、整烫等20多道工序，加之白海山设计的空花盘扣独具一格，花样繁多，故而成品十分考究，40年代已名扬海外，香港的太太、小姐，也慕名来汉订制。

50年代中期以前，省长张体学等高级干部和夫人也曾到店内加工便装。1956年公私合营时，白海记加入武汉市第二十五缝纫生产合作社，1958年更名国营红旗服装厂，翌年复称白海记时装厂。1961年根据国务院关于“手工业不宜大合大并”的指示，该厂又退回到合作社，拆分成红光、红升便装社，红霞、白海记时装社。之后，白海记迁至中山大道1024号二层楼内，楼下60余平方米，设立对外营业和来料加工门市部。此时，白海记开始在便装工艺上实施创新，中装西做，按体型做出有腰翅、胸折、肩折等不同款式的旗袍和便装；领型变化尤为突出，从中式便装领发展到有半开胸翻领、燕式领、飘带活结领以及圆领、方领、尖领等式样；作装饰的各类空心扣的花形由50余种发展到80余种，实心扣也有60余种。虽然服装的样式变化多样，但白海记一直保持嵌、镶、绲、绣的传统手工工艺，保持用

白海记旗袍

料讲究、熨烫平整、色彩鲜明的特点。所以，白海记的服装，穿上后有轻俏、柔和、舒适和不落俗套的感觉。著名汉剧演员陈伯华是白海记常客。日本、联邦德国、美国、法国等国际友人和不少归国华侨也来订制中国时装，尤其是出国妇女，多在白海记订制旗袍。

1965 年，白海记开始经营出口外贸业务，品种主要有丝绸女棉袄、女背心、女夹衣。这些产品均由白海记技术部门按客商要求的规格、款式打出样板，实行流水线生产，成品远销东南亚和英、美、加拿大等国家及香港地区。

“文化大革命”期间，旗袍生产量日渐下降，便装特色也趋于简单，店名先后更换为海燕时装、四新便装、江岸时装等。1978—1980 年，在出口产品的质量考核中，丝绸女棉袄正品率达 98%以上。1982 年恢复白海记品牌厂名。1985 年和 1989 年，白海记时装厂生产的“白雪春牌”织锦缎驼毛袄两次被评为武汉市优质产品；1992 年 6 月 30 日，白海记取得湖北省进出口商品检验局“布服装类质量许可证”。

茂记皮鞋厂

1912 年，浙江镇海人李厚谟在复兴街庆平里临街铺面，开办汉口最早的前店后场的皮革作坊茂记，又称李茂记。那时，汉口马路上最常见的交通工具是马车，茂记就为马车生产缰绳、马鞭、皮带等小型皮具、套具，后逐渐增加马鞍、皮包、皮箱等大型皮件制品的生产。1919 年，茂记迁至中山大道恒生里口（今德兴里口）后，增设车间，

增雇技工，兼营皮鞋、皮靴。

20年代中期，跑马场“赌赛”活动盛行，茂记抓住商机，精心制作长筒马靴，吸引大批骑师前来，生意变得非常兴隆。那个时代，西商、华商和万国跑马场的骑师们出场时穿着的闪亮长筒马靴，大多出自茂记。

茂记做工精细，用料考究，制作皮鞋、马靴的面革，采购自德商、美商最时髦的“金龙牌”“双龙牌”优质皮料，底革则选用美国花旗皮底；国产皮革只从京帮（南京帮）王乃根作坊进货，其面革质量不亚于进口皮革。茂记的车间、门市部设有专职检验人员，从放样、检样到缝制加工等程序，随时进行检测。成品定型后，还要通过目测、手按等方式进行鉴定。生产的硬包头皮鞋，质量要求是脚踩包头不会踩瘪、皮鞋穿破不会走样。经久耐穿的茂记逐渐形成品牌。由于生产规模不断扩大，从1928开始，茂记三年搬迁三次，先后迁至义品里、六渡桥永安里口和中山大道1245号。

武汉沦陷后，茂记业务量降低。抗战胜利后，茂记以质地精良、服务周到而销售猛增，1947年跻身武汉十二大名牌，高居第一名。

1950年，茂记的贸易经理李庆华被推选为武汉市制革、皮革制品、皮鞋同业工会主任。工会采取集股投资、联合承接加工订货的方式，组成生产互助组，为抗美援朝提供大批军用皮鞋和布鞋。1956年实行公私合营，茂记被指定为国际友人及驻汉外交使团皮鞋专供点。1958年8月，茂记和修成记、泰记新等9家汉口皮鞋业著名大店合并，成立公私合营泰记新皮革制品厂，保留茂记门市部，1959年改办公私合营茂记皮鞋厂。1964年实行产销分开，该店只负责门市销售，“文化大革命”期间改称国营文革皮鞋厂，1978年恢复国营茂记皮鞋厂，1981年7月迁至新华路取水楼36号。

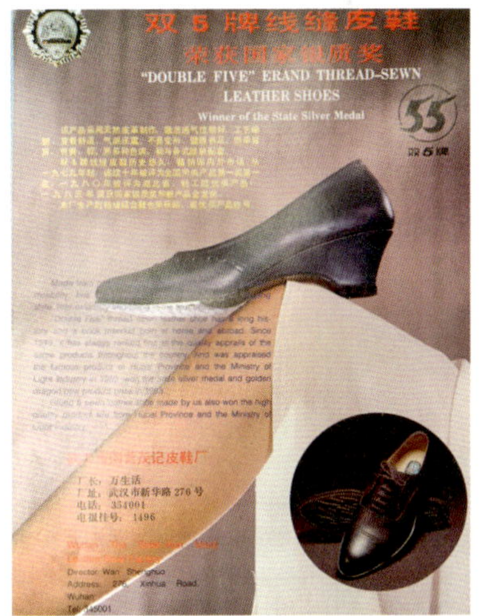

茂记皮鞋厂产品

缭绕歌声冷画屏

满浮大白把杯听

14 百年老店·食

民国年间，江岸一带有民谣流传："银牌点菜莫论钱，西馔菜肴样样鲜；山珍海味都可吃，坐场江岸数第一。"山珍海味为第一的江岸，至今仍流传着小桃园鸡汤、邦可西餐厅、老通城豆皮、五芳斋汤圆等百年老店的故事。

邦可西餐厅

1906年，一位罗姓江浙人在俄租界三教街（今鄱阳街149号）开办武汉第一家西餐厅，专门招待来汉的西方国家船员、银行职员等人。1930年，白俄罗斯浪人邦可夫妇流亡汉口，买下该店，改名邦可西餐厅，生产销售俄式面包和糕点，提供油炸俄式咖喱牛肉面包、什锦水果辫子面包、羊角面包、吐司面包、奶油哈斗、牛角酥、各种开面、巧克力千层蛋糕及各种西式饼干等100多个品种，这些产品因新鲜、爽口、营养丰富而闻名三镇。邦可西餐厅还经营番菜（即西餐）及各种喜庆蛋糕。

1949年后邦可收归国有，改名国营邦可食品厂。1956年，工厂改革生产工艺，扩大生产能力，恢复前店后厂的生产经营方式，日销糕点近一吨，年销售额为30～40万元。邦可享有盛名的糕点是各种面包，因选料精良，做工考究而色、香、味、形俱佳。喜庆蛋糕也造型美观，色泽鲜艳，形象逼真，有纯正的奶油香味。邦可西餐特色品种有邦可西餐鱼奎、炸猪排、俄罗斯鱼子酱、罗宋汤、俄式红烧牛尾，各式牛扒、猪排、烙饭、烙鱼奎等。邦可生产的辫子面包1978年获全国儿童食品展览会“省优食品”称号，巧克力千层花蛋糕1989年获“全国食品西点大赛”优质奖。

邦可西餐厅旧址

邦可食品厂作为武汉市食品行业名厂之一，2000年9月成为食品行业最早完成改制的国有企业之一。

老通城酒楼

1929年，汉阳人曾厚诚在大智门不远处开办甜食店，因处在城乡通道旁，故名通城甜食店，1938年武汉沦陷前停业，1946年春在原址复业。复业时，曾厚诚扩大二、三楼店堂，改店名为老通城食品店，聘请做三鲜豆皮的名厨高金安到店，又在三楼装上“豆皮大王”霓虹灯广告，不惜巨资进行广告宣传，生意日渐兴隆。

三鲜豆皮的三鲜是什么呢？所谓“三”，表现在材料上：豆皮的豆，必须是脱壳绿豆；豆皮的皮，必须是精制米浆；豆皮的馅，必须是湘产糯米；所谓“鲜”，即鲜肉、鲜菇、鲜笋。豆皮出锅，也讲究“三”：其“形”必须方而薄，其“色”必须金而黄，其“味”必须香而醉。如此的三鲜豆皮，当然让人垂涎欲滴，获得中国饮食行业的最高荣誉“金鼎奖”就不足为奇了。除三鲜豆皮外，老通城还供应蟹黄豆皮、虾仁豆皮、全料豆皮等品种。

老通城酒楼

1953年曾厚诚病逝，其子请求国家接管老通城，1955年更名国营老通城餐馆，为武汉第一家国营餐馆，后逐渐成为经营小吃豆皮和江苏菜的著名酒楼。1958年国家主席毛泽东两次到老通城惠济路分店吃豆皮，留下了“国营要更好地为人民服务”的教导。刘少奇、周

恩来、朱德、董必武、李先念以及西哈努克等中外领导人，都曾品尝过老通城豆皮。

店内有江苏名菜雄狮鱼翅、糖醋鳜鱼、鸡茸雪耳、苹果烧鸭、琵琶凤腿、芙蓉仙桃、大补金龟等等。

二十世纪六七十年代，老通城有一个便民措施，即普通市民可以拿家里的生糯米到店换米酒，每斤只要加工费人民币 0.1 元。七八十年代，市民到老通城吃三鲜豆皮，也是实现自己对美食的期待和品尝美食的快乐；到老通城请朋友吃饭，当然也是很有面子的。

改革开放后，老通城酒楼改制成为股份制公司。

小桃园煨汤馆

1944 年 12 月 9 日，美国飞机轰炸汉口，天主堂医院被炸，该院的西餐厨工陶坤甫和中餐厨工袁得照被迫失业了。

抗战胜利后，陶坤甫在胜利街兰陵路口的废墟上清出一小块空地，搭个小棚子卖豆浆、糯米包油条等小吃，袁得照也来这里炸面窝。由于生意比较清淡，两个老同事得空便聊天。陶坤甫言及在医院做西厨时，对煨汤技术颇有研究，因为武汉乃至湖北都有喝汤的民风习俗，所以他想开一个煨汤馆，袁得照十分赞成，两人一拍即合，开始卖牛肉汤和八卦（乌龟）汤。由于精工细作，加之物美价廉，生意逐渐兴旺起来。

1948 年他俩把小棚子扩建为二十平方米的店堂，增加甲鱼汤、排骨汤、鸭子汤、鸽子汤、猪蹄汤和母鸡汤等十多个品种。一段时间后，他俩发现母鸡汤最受欢迎。生意越来越红火，两人合计给小店一个招牌，因两人的姓氏合称“陶袁”，便想仿照三国时的“桃园三结义”为小店招牌，但三缺一，两人又想在“陶袁”前加“小”字，但小字只有三画，他们认为太简单了，于是决定用同音同义的“筱”字取代，筱陶袁煨汤馆开业了。渐渐地，鸡汤的名气越来越大，汉口人甚至有了筱陶袁鸡汤好的共识，习惯说：“到筱陶袁喝鸡汤去。”

筱陶袁的鸡汤好在哪里呢？陶坤甫曾专门撰文说，筱陶袁的鸡汤专用黄陂、孝感母鸡。原来黄孝河未成为臭水沟时，无数只黄陂孝感老母鸡顺着黄孝河,咯咯叫着来到汉口，飞到武汉人的餐桌上，成为美味佳肴。黄孝母鸡肉嫩、油厚，经过宰杀洗净后，切成一寸半长的块状。入罐煨之前，先用猪油、葱白在锅内炸香，再一起倒入生姜、白糖、精盐、料酒和鸡块爆炒，同时放入少许清水，待水欲干未干、鸡肉呈黄色时起锅，然后放入沙罐煨到八成熟，起火停放一刻钟，再上火闷透后，按分量装入受热均匀的瓦罐，小火慢炖。这样煨出的瓦罐鸡汤骨酥肉嫩，汤清油黄，醇香味美。湖北人以此汤为珍品。

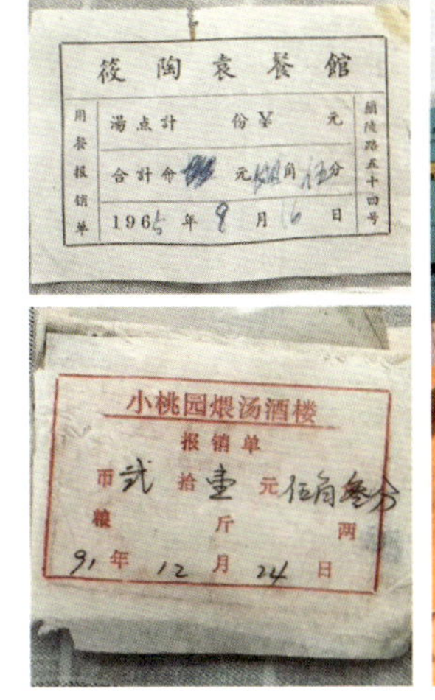

筱陶袁餐館

用餐报销单

湯点計　份¥　元

合計命　元　角　分

1965 年 8 月 16 日

前陵路五十四号

小桃园煨汤酒楼

报销单

币 贰 拾 壹 元 伍角叁分

粮　斤　两

91 年 12 月 24 日

小桃园鸡汤

1949 年下半年，法币、金圆券贬值，物价飞涨，筱陶袁煨汤馆一日三易其价，食客依然不减。

1979 年，年近古稀的陶坤甫在筱陶袁新建的八层大楼开业时，建议将店名改为小桃园。读陶坤甫的回忆录，关于煨鸡汤有两点要记住：一、自家炖鸡汤须文火慢炖两小时以上；二、佐盐要晚，早了会让鸡肉中的蛋白质凝固，不容易稀释到汤中。这就是美食中蕴含的知识和文化吧！

五芳斋酒楼

1946年，李锦才把上海五芳斋的招牌和经营品种引进汉口，在中山大道713号开汉口五芳斋，经营宁波汤圆和江浙风味菜肴。五芳斋的汤圆用料考究，制作工序复杂，如主料黑芝麻要罗田的、桂花要咸宁的，白糖要有特别香味的广西新蔗糖，橘饼用湖南的，猪板油要采用新鲜的热猪油，且要把猪油上的薄膜撕掉。这样做出来的汤圆才会口味纯正、油而不腻。

1956年公私合营，五芳斋扩大营业面积，1978年扩建为6层楼房，1～4楼营业面积达1300平方米。这时，五芳斋汤圆的制作也过渡到现代设备与手工制作相结合，品种从单一的宁波汤圆发展到十多个品种的汤圆系列，并开发了速冻汤圆。五芳斋保持传统配方、传统工艺，严把原材料进货关，由名师主理，制作精细，保持口味纯正、油而不腻的独特风味，达到国家绿色食品标准。2000年和2006年，五

五芳斋酒楼

芳斋的汤圆、粽子和糕团宫廷饭分获国家商业部授予的中国名点称号。

五芳斋汤圆节招贴

1988 年农历正月十五元宵节，五芳斋举办为时一周的汤圆节，推出多种特色汤圆，同时举办舞龙、舞狮、采莲船、灯展等传统民俗活动和书画、文艺表演。此后，正月十五的汤圆节成为该店固定节日，每年都有大批市民在元宵节前选购汤圆，以便全家团圆时共同品尝。

1997 年 8 月，五芳斋酒楼股份有限公司组建。

古方炮制传佳话
药香飘溢百代名

15 百年老店·药

民国年间，江岸先后出现十余家拥有固定门面的中草药房，其中最知名的是精工炮制、药到病除、声名远播的叶开泰、金同仁两家中药分店。江岸原租界内也有中英大药房、赞育大药房等声誉良好的西药店。

叶开泰中药店

1637 年，叶开泰的先祖叶文机在战乱中从江苏来汉口谋生，因懂医术、明脉理，便在鲍家巷租一小店悬壶应诊，是为叶开泰之始，至今已有 388 年的历史，可谓是武汉老字号中的老字号，曾与北京同仁堂、杭州胡庆余堂、广州陈李济同为中国四大药店之一。

辛亥革命之后，由于西方医学的传入，北洋政府时期曾有过“旧医不及新医，其一切历谱医书皆焚之”的论调。至南京政府时期，这种论调有了更多的支持者。1929 年 2 月，南京政府推出废止中医提案，企图全面限制中医，使其逐渐消亡。为了保卫中医中药，1929 年 3 月 17 日，叶开泰参加了由 15 个省 132 个团体的代表 262 人在上海召开的全国中医药团体代表大会，大会提出“提倡中医以防文化侵略，提倡中药以防经济侵略”的主张，并成立全国医药团体总联合会，最终迫使南京政府在 1930 年 5 月 7 日举行会议，正式确立中医药的合法地位。3 月 17 日也因此成为中国的“国医节”。

叶开泰中药店

叶开泰的故事，在很多地情图书中都有详细记载，只说一个快要失传的民间故事。叶开泰开业后，有一跛足乞丐来此，在店外摆一小摊，为人整治闪腰岔气，或接骨斗榫，兼卖中草药。渐渐地，乞丐的小摊慢慢向药店大门靠拢，进而摆进药店的天井，不仅影响观瞻和顾客进出，还直接影响店内生意。管事要驱赶乞丐，被叶家阻止。于是，乞丐得寸进尺，竟把小摊摆进叶开泰店内的柜台前。这回，惹恼了管事的，也惹恼了店员们，大家一致要驱逐乞丐。但叶家老板仍进行劝阻：店大不怕亏，你赶他走了，他就生计无着了。就这样，乞丐在店内一摆就是三年。一天，乞丐背上铺盖行李，终于准备走了，走之前向叶家道谢，说自己叨扰三年，只有一把旧雨伞赠给叶家，并说：这把旧伞送给你们，如有危难，在堂中撑伞，可保平安。老板收下伞，随手放下，并未放在心上，偶尔会当故事讲给后人听。

光阴似箭，叶家已传承数代人。辛亥革命时，清军冯国璋火烧汉口市区，汉正街、大夹街火海一片，叶开泰上下惊恐万分。老板突然想起先人叙述的乞丐赠伞之事，忙将破伞找出，在堂中撑开，瞬间，堂中出现五彩霞光。大火之后，周围一片废墟，唯独叶开泰安然无恙。老板备下香烛，在伞前叩拜，霞光中闪出四字：铁拐李赠。原来当初摆草药摊者乃八仙之一的铁拐李降临。

民间传说只是故事，但故事反映的是民众对诚信经商、宽厚待人者的敬佩。汉口有两句俗话，“叶开泰的药吃死了人，也是好的”，为什么吃死人还是好的呢，因为“药只能治病，不能治命。命该死的人只能怪命，不要怀疑叶开泰的药不好”。这两句话，不就是叶家三百多年诚信经商、宽厚待人的结果吗！

1938 年武汉沦陷，叶开泰迁入法租界车站路，以叶开泰参药店之名开门营业，1952 年与陈太一、陈天保联合申报成立健民制药厂。1956 年公私合营，叶开泰资产交公，归口武汉市药材公司江岸区中药商店，“文化大革命”期间，更名红卫中药第一门市部，1979 年 11 月恢复叶开泰老招牌，至今在武汉市已发展到数十家服务网点。

金同仁中药店

晚清时期，曾历任江西南丰县知县、江西法政学堂监督的一介儒生金次屏，很喜欢探讨中医药理。有一年他去北京，应邀参加北京同仁堂的乐家宴会，深切感知同仁堂既能济世活人，又可获取厚利，于是决意效仿。

1889 年，金次屏筹集纹银四万两，选定水陆交通便利的四官殿兴建金同仁中药店，在杨家河正街辟堆栈，用来炼丹、制丸、熬膏和自制新药以及切片、研末。1891 年金同仁开业之日，金次屏书下门联：同登寿域，仁跻春台。这个藏头联的第一个字联起来就是同仁。但同仁前的“金”字，是否有与同仁堂一比高下的想法呢？

金次屏常说：“修合虽无人见，存心自有天知。”所以，他很讲究货源和加工炮制的质量，自制药必先请医家搜集古方，研究鉴定；加工则雇请有经验的老药工操作；而人参、鹿茸、燕窝、银耳等贵重药品，必派专人到产地购进。同时，金次屏自办养蜂场，所酿蜜糖以供制丸、配药；自开槽坊，自设酒库以配药酒之用。其招牌药酒五加皮酒，由窖藏一年以上的汾酒泡制，因配料比例严格，成酒色如琥珀，红润透明，甘冽醇厚，销路甚广；他还自办梅花鹿场，饲养梅花鹿，每到冬季公开宰鹿，将鹿茸、鹿筋、鹿血、鹿皮、鹿骨等分别处理，给路人观看，让人们增强辨认真假的能力。半夏是常用药，金同仁用金锅制半夏，让人感觉药效特别。店内的包装纸上印有药物品名、性能，可让患者根据包装纸上的说明，学习辨识药材。

开业之初，金同仁把各方推荐的学徒集中起来办训练班，每晚授课两小时，学习写字、珠算，读药性赋，背汤头歌诀。三年后，能写会算并能按处方配药的学员提为店员。后来，金同仁及分店的经理、骨干多出自该训练班。1921 年，药店业务由金家老三金道五负责。

1925年，金次屏病逝。1926年，金道五在特一区坤厚里设一分店，由老学徒王吉生任经理。

抗战结束后，金同仁迁至花楼街皮业巷口，1952年，部分转入中联制药厂。1955年，公私合营，金同仁把几十年收集、整理的古方、偏方及自家整理的药方千余种，全部捐献给国家。1992年，药店恢复老招牌，花楼街拆迁时结束营业。

汉口中英大药房

1873年，英商怡和洋行率先开办西药房，经营西药。西药刚进入汉口时，人们对西药房的认识只是“玻璃铺面甚堂皇，牌号都书大药房”，至于对药物本身，则抱着“药性华人多未达，听闻有效且姑尝”的态度。由于西药方便，见效快，买西药治病的人慢慢增多，西药逐渐打开汉口市场。1910年，上海中英大药房进入汉口，在英租界内花楼街口斜对面开设分店——汉口中英大药房。

1927年，英租界收回后，该店廉价盘接了对面的德济药房。汉口中英大药房以经营进口药品著称，除经营本牌成药中英果子盐、上海九福药厂药品、上海糖果厂的桉叶咳嗽糖外，主要代销、经销瑞士罗氏药厂的产品，包括撒利痛、雷米封、三花牌化妆品，以及美国华纳、礼来、派德等药厂的产品。店内80%的药品由上海总店向国外直接订货，该店只是华中地区的代销处。药房兼营配方业务，做包括德、俄、英、美在内的外侨生意，配方不分昼夜，随到随配。为兜揽配方生意，药房对本市名医开的处方签，每月按处方销售金额给医生佣金，配方给20%，成药给10%，逢年过节还送厚礼酬劳以联络关系。梅神父医院的主治医生周继良先生受聘该店，长期在店内坐堂行医。

1938年10月，药房迁入法租界车站路，作为行业大户，药品、药械品种齐全，坚持配方业务40余年。1956年，公私合营，1966年，

药房更名益民医药商店。此时，药店对急救药品通宵值班供应，同年设置保健药品专柜，适应中老年顾客的需求。1984 年，药店经营品种增至 1200 种。1974 年，药店实行独立核算，做到三定（定资金、人员、差错率）到柜，同年设立“红医站”和避孕药具专柜，1978 年后，增设新药、特药和营养滋补品、药物化妆品专柜。

1999 年 12 月，益民医药商店被武汉人福高科技产业股份有限公司整体并购。

赞育大药房

今车站路与洞庭街转角处，有一栋三层砖木结构的楼房，这就是 1914 年建成的赞育大药房，这是汉口设备最好、贮藏最全、零售量最大的药店之一，也是武汉地区现存最早的西药房之一。药房拥有药剂师、药商、分析药剂师、化验师，备有各种药材、药剂和专卖药，从而吸引了众多医院前来购药。

1920年9月，药房改组，设立首届董事会，董事是化学家赫伯特·詹姆斯·林、股票经纪人珀西·德威斯特·威克斯和商人亚瑟·俄尼斯特·玛克。药房改组后，突破单一的药业经营，扩展经营范围，开展医疗器械与材料、油与颜料、光电、化学摄影等各种专卖品及制剂的进口，经营当时比较流行的商品诸如肥皂、香料、酒与酒精、烟草等，甚至从事仓储保管等代理业务。药房还拥有附属矿泉水制造厂，从事矿泉水、汽水的生产与销售。

除此之外，药房还从事生产、买卖、改进、处理、保存、精炼、充气、矿化处理及罐装业务，经营设备、机器、容器、虹吸管、过滤器、仪器、仪表，等等，发展成超大型公司，一度被称为“苏伊士运河以东地区最大零售药店”。

1938 年武汉沦陷后，医药市场供应短缺，汉口普爱医院每天派人到该药房购药，注射针剂无安瓿，就将买回的药片溶解后注射；手术室无备用生理盐水，有手术时就点火炉临时配制，现做现用。1941年太平洋战争爆发后，日本全面接收英美在华企业，赞育药房被日军占有。

1949年后，楼房收归国有，供市民居住，现一楼为商业用房；2008年成为省级文物保护单位。

武汉市中草药商店

1971年6月，武汉市中草药商店在解放大道418号开办。货源除来自省市药材批发部门和药材产地经销部门之外，药店还自行采挖、炮制缺货药材。建店初期，仅有药材50余种，后逐渐增至400多种。药材除满足门市销售外，还为省肿瘤医院、省中医学院附属医院、市中医院和制药厂、化工厂提供中草药生产原料。

药店还收集了民间涉及感冒、咳嗽、小儿遗尿、产妇发奶、风湿药酒、肝炎、气管炎、肾炎、排石、灭痱等26个疗效较好的单方验方，精心配置汤剂，装袋出售。药店制作的垂茵茶糖浆、夜宁糖浆等品种，非常畅销，经医院临床验证及卫生部门审核后，由专业药厂批量生产、投放市场。

店内设医疗站接待患者，诊治常见病和小儿麻痹症、骨癌、肾炎、肝腹水等疑难病症；按季节设立暑药和滋补药品专柜；同时为患者提供配制药丸服务，由患者提供药方，药店在一定期限内做好药丸给患者，方便患者服用。1991年，武汉市中草药商店被省消费者协会授予“消费者信得过单位”称号。

汉口繁衢韵绕梁

洋行华铺列如行

16 百年老店·其他

清末以来，今江汉路和中山大道等繁华闹市区所处的地段，便是商贸发展的黄金地带。这里华洋音乐、钟表绸缎、丝袜皮鞋以及照相、理发、浴池、洗染等专业店铺林立，街市车水马龙，热闹非凡。有些百年老店，至今还在人们的生活中起着重要作用。

波衣也琴行

1900年，英国人波衣也（Boyack）在法租界开设汉口第一家琴行，经营西洋乐器，培训爵士乐手，武汉的西洋音乐就是从这儿响起来的。

琴行伙计是宁波人林正文，学得一手修理钢琴和西洋乐器的手艺。1927年波衣也回国，把琴行转让给林正文。林正文接手后，从宁波陆续招来技工，把琴行办成了培训学校。1934年林正文去世，1937年其长子林冠球继承父业，又把琴行经营成销售钢琴、制造风琴和修理钢琴等乐器的作坊。

解放初期，各种文工团兴起，林冠球的妹夫刘五育极有音乐天赋，把西洋乐器演奏得出神入化。在他的协助下，琴行生意风生水起。刘五育依托琴行，组建了七人的波衣也乐队。这支乐队年轻、富有朝气，充满对音乐的执着追求，因而名扬武汉三镇。当年乐队的架子鼓手林森晚年写下回忆录《我们的波衣也乐队》，其中一段颇有意趣：“解放初，有些大单位工会为了在单位内举办舞会，到琴行挑选乐器，请刘五育帮他们培训，并先去他们的舞会示范伴奏。结果是舞会结束后，乐器全部留下，第二天单位来琴行结帐。”1955年春节前，乐队接到一个重要邀请。中央领导邓子恢回武汉过春节，邀请乐队除夕去舞会伴奏。年三十晚上8点舞会开始，很晚才结束，参加舞会的人给了乐队热烈的掌声。

波衣也琴行

1956年公私合营，琴行更名为武汉台板乐器厂，刘五育成为该厂技术工人。

但波衣也乐队继续被众多单位邀请，演出日期从当周六、周日排到一个月后。1959 年长江大桥建成通车，乐队应邀为通车仪式演奏，在全市人民的关注下，演奏着走完大桥全程。这应该是乐队最风光、最高潮的时刻。60 年代，乐队仍然断断续续地对外演出。

“文化大革命”期间，乐器厂仅留几十名员工从事乐器修理。80 年代，市一轻局将乐器厂更名为一轻产品销售服务部，任命刘五育之子刘群为服务部经理。

2001 年刘群注册恢复波衣也琴行，该琴行集乐器销售、维修、租赁、教学于一体，是武汉乐器销售器种最全、规模较大的专业商行。2017 年，刘群在武汉接待了 97 岁高龄的王国干老人，他是当年乐队的成员之一，从美国旧金山飞回，就是为了看看他魂牵梦萦的地方。

长生堂理发店

湖广总督张之洞曾经写过一副对联：“磨砺以须，问天下头颅几许；及锋而试，看老夫手段如何？”把剃头描述成刀兵相见，非常有趣。

1911 年 9 月 17 日，扬州剃头匠张聚年在车站路开办长生堂文武理发馆。所谓“文”是为理发，所谓“武”是为推拿。所谓“长生”，即把理发馆作为长生之地，用一技之长，服务万民。长生堂的开业，改变了剃头匠放下担子“磨砺以须”、穿街走巷“及锋而试”的历史，开三镇剃头匠登堂入室、坐店经营的先例。

理发馆开业不久，武昌起义爆发。湖北军政府成立后，反清的剪辫运动风行全国，剪辫和反清画上了等号。20 世纪 80 年代中期，长生堂 80 多岁的老职工熊老九回忆说，辛亥剪辫风潮时，他的师傅管恒织曾亲手剪掉了被革命党人拉进店的一位蓄辫者的大辫子，这条大辫子从头上拖到地上，足有四尺长。令人没想到的是，头颅被“及锋而试”后，此人竟跑到长生堂后院投入水井中。此事令剃头匠们压力

长生堂

剧增：还能剪辫吗？但剪辫、放足是湖北军政府的政令，已形成轰轰烈烈的大潮。师傅们终于排除压力，继续“及锋而试”，为辛亥革命后的移风易俗做出了贡献。

1928年，张聚年将店铺转卖给周德才，周添置新设备，从上海聘来技艺精湛的理发师，把长生堂经营成达官贵人、政府要员及洋人纷纷光顾的名店。据说，蒋介石、汪精卫以及湖北省政府主席夏斗寅都在该店理过发。为悦己者容的爱美女性更是趋之若鹜，去理发馆剪理新式发型，有诗曰：“对镜晨妆发似蓬，首无膏沐曷为容。烦君理就青丝鬓，搔首佳人定爱侬。”

1956年公私合营，长生堂改名江岸理发厅，“文化大革命”期间更名为二七理发厅。1978年恢复老牌后，长生堂将文明理发与传统推拿、按摩融为一体，并采用手指造型技术赢得大批顾客。长生堂1995年参加国际发型化妆邀请赛，夺得男士、女士吹剪组，新娘化妆组三个单项一等奖和团体一等奖；1999年又获第23届亚洲发型化妆大赛青年女士发型铜奖；曾在惠济路设有分店。

2006年，长生堂被商务部首批认定为中华老字号。

宝华洗染厂

在武汉洗染行业中，宝华洗染厂是历史最久、规模最大、设备最全、技术最精的。

1911年，浙江镇海人贺宝庆从上海来汉口，在法租界庆平里口（今车站路40号）与他人合资经营宝华西法洗染公司，这家洗染厂靠两只木箱、两块案板、一只洗衣盆和两块熨衣板等简陋工具起家，靠着技术好、操作细、质量高的优势，在庆平里口烫出了大大的金字招牌，业务遍布武汉三镇。1921年洗染公司改名宝华机器洗染厂，发展成为专营高档丝、绸、毛、呢的中、西服装的洗、染、烫、织补、翻新等，成为武汉第一家把洗、染、烫集于一体的厂家。由于生意兴隆，带动了洗衣、染坊两业相继效仿，至1928年，汉口已有悦华、上海、中央等二十余家洗染店，汉口洗染市场已具规模，宝华先后在中山大道1149号、南京路、江汉路开设了三家分店。

宝华之所以能够壮大与其经营诚信有直接关系。1931年武汉大水，宝华受损严重，却通过报纸刊登启事，催顾客领取衣物，并对因水泡受损的600多件衣服进行赔偿，赔款额达2万银圆。这就是宝华业务不断扩张的根本原因。

汉口沦陷后，业务受到影响。抗战胜利后，把芦席街52号厂房扩建后重新开业。1949年宝华属下已有东方、华夏、星光等八个规模较大的洗染店。1956年公私合营后，改为国营宝华洗染厂。

80年代宝华在车站路、北京路、丹水池都设有门市部。1985年车站路门市部首家引进干洗设备，开辟干洗服务项目。此时，该厂已成为拥有完善设备的工厂，高温锅、烧毛机、洗衣机、烘干机、叠布机、伸幅机、丝光机、定型机、烫平机等应有尽有。除了经营影剧院荧幕漂白、戏剧服装洗烫染色以及皮衣拆洗等业务外，还开展上门收送企事业染整加工和洗烫衣物及国内洗染邮寄业务。宝华的一百多名职工中有特级洗染技师三人。2004年，宝华洗染厂转营其他。

亨达利钟表店

从1924年起，汉口人每天都能听到江汉关大钟敲出的西敏寺报时曲。1966年，江汉关改奏《东方红》。近百年间，谁在负责大钟的维护和维修呢？答案是：亨达利。

汉口亨达利钟表店原由德国礼和洋行经营，第一次世界大战期间，德商被迫回国，将店面送给该店“跑街”浙江镇海人陈文生。1915年，陈文生在四官殿开设汉口亨达利钟表行，几年后，随着业务的扩展，亨达利扩大，迁至江汉路五福里口，1934年再迁至江汉路28号，称为“老店”。1922年，陈文生另租下浙江兴业银行汉口中山大道的铺面，开设亨达利分店，是为“新店”。

亨达利主要经营欧美各国钟表，为创名牌，曾向瑞士HOPE厂定制金质和银质豪华挂表，向德国谦信洋行定制“双箭”牌马头钟，均刻上亨达利标记。亨达利20世纪20年代便成为家喻户晓的钟表名店，不仅销售的钟表质量可靠，还以维修各国名表而闻名。1924年，江汉关大钟由该店王亨亮师傅挂帅进行机械安装。新时代，该店又将江汉关大钟改换成高科技石英钟,新旧两钟都由该店负责维修和保养。

30年代后，陈文生起用技术高超的技师王锦堂做当家人，管理日常事务及业务。在王锦堂主持下，亨达利以优良的质量、信誉和技艺为宗旨，新老两店生意都有大发展。

1937年,陈文生将店分别传给两个儿子。老店由次子陈又章继承，取名又记亨达利；新店由长子陈芝章继承，取名敏记亨达利。1938年10月武汉沦陷，两店均被日商本森洋行强占。又记被迫迁到胜利街今解放电影院对面,敏记则迁到法租界车站路。1945年8月抗战胜利，两店先后迁回原址。

亨达利钟表商店

1949年5月后，两家亨达利钟表店分别划归江岸、江汉两区商业部门管辖，1956年参加公私合营，后逐渐转为以经营国产表为主。“文化大革命”期间，老店更名为新中国钟表店。

1981年两家店重挂“亨达利”金字招牌。1995年老店亮出“老亨达利世界名表中心”招牌，先后引进瑞士、日本等国的二十多个品牌、数千种款式的手表，购置瑞士全套最先进的手表检测仪器，成为卡地亚、劳力士、爱舵厂在汉的特约经销商，欧米茄、雷达、天梭、梅花等名表的特约维修服务站，也是武汉人心目中专卖专修世界名表的名牌老店。

启新照相馆

在照相技术发明之前，人们想要一张自己的画像，只能找画家绘制。照相技术发明之后，人们可以得到和自己完全相同的照片，形神兼备的照片就像分身法一样，所以，有人吟诗形容照相技术："形影何须辨真假，镜中人即意中人。近来始悟分身法，一笑拈花证妙因。"当照相技术传入汉口时，把"分身法"玩得最好的，是 20 世纪 20 年代创办的启新照相馆。

1928 年，京剧大师程砚秋首次来汉演出，戊辰票社（业余京剧团）社长沈奉一（凤逸）在家中设宴，作陪的有社员南铁生、程君谋。宴后，他们一起去启新照相馆，为程砚秋拍剧照，后沈奉一还和程君谋合拍《借赵云》剧照，程君谋饰刘备，沈奉一饰赵云。

30 年代初，该馆率先开辟室内电光艺术人像照相，革新印放技术，提高照相业的艺术性。那时，该馆的艺术肖像、长条转机照相，就以用光考究、光调柔和、层次丰富、清雅大方呈现出较强的艺术性，成为武汉照相品牌大店。

五六十年代，启新照相馆的大型会议团体照、艺术人像都有其独特风格，在生活照、结婚照方面也有创新。那个时代出生的人，能够在启新照相馆拍摄一张生日纪念照片，是很奢侈的。1978 年后，该馆经过改扩建，更新设备，对照片质量均进行严格检查以确保信誉，同时还设有裁剪放大、广告摄影和出售照相材料、出租相机和修理相机等服务项目。

汉口里的城市故事馆开馆后，启新照相馆是汉口里唯一的摄影门店，为游客进行民国风纪念、复古汉服等系列照相服务。

夹道东西深巷里

个侬浑似郁金香

17 百年民居·里分

里分是近代西方低层联排住宅和中式四合院的结合体，是东西建筑文化交会的产物。1900 年以来，汉口居民多住里分，里分分为自住和租住两种。别墅型里分大多由工商业者拥有并自住；中低档里分多为买办、军阀政客拥有，用来出租牟利。新中国成立后，里分收归国有，分配给普通市民居住。里分体现了别具一格的汉派风貌，承载了汉口几代人的乡愁，是汉口文化魅力的重要组成部分，在武汉城市建设史上占有特殊地位。20 世纪 80 年代，江岸尚有 144 个里分。

里分的建设分为三个阶段。

1900—1910 年为第一阶段。汉口开埠后，疾步趋向城市的近代化，沿江一带出现一批需要大量劳动力的工厂、仓库和码头，周边人口开始向汉口汇集。京汉铁路的通车，加剧了人口爆炸性增长态势。汉口在呈现巨大发展空间的同时，需要既能减少住宅占地面积，又能容纳更多人口的住宅，里分恰好符合这个要求。1900 年，上海房地产商进军汉口，在车站路率先建设上海里弄风格的三德里；广东商人随即到来，在今兰陵路西段兴建岭南骑楼风格的宝善里。此后，汉口巨商刘歆生、刘辅堂、韦梓丰、王柏年、蒋沛霖等一批买办，抓住城市人口剧增、地皮飞涨的机会，竞相在车站路、兰陵路、保华街等兴建里分，德兴里、长清里、如寿里、坤厚里、永康里、三分里、四成里、泰兴里等都是这个阶段建成的。

1910—1925 年为第二阶段。这时，工商业继续迅猛发展，人口持续向租界或租界边缘的工商业繁荣区流动，地价不断上涨。1923 年萧耀南委派孙武设立汉口地亩局，顺应华商总会的买办之意，选定在江汉路以下、京汉铁路以内、大智路以西、中山大道以北的地段筹建汉口“模范区”，意欲“与租界区媲美”。模范区内，先后修建丹凤街、华商街、吉庆街、铭新街、泰宁街、保成路、伟雄路、汇通路、云樵路、瑞祥路、交易街等道路。道路两边由买办、军阀、银行界投资，营建保元里、鼎新里、二德里、退思里、大吉里、福新里、大陆村、青云里、金业里、云樵里、蔼吉里、鼎丰里、德润里、泰宁里、慈德里、福忠里、紫阳里等诸多甲级砖木结构的里分，供出租牟利。其中鼎新里是模范区里分的特殊例子，由前裕华纱厂老板苏汰馀、裕大华集团第三任董事长黄师让和武汉棉纱和打包业资本家姚玉堂共同投资兴建，三栋风格迥异、各有特色的高档别墅组成自住里分，为汉口里分精品。模范区的建设完毕，让近代汉口有了一片高档市区，给汉口工商业持续繁荣提供了必要条件。由于租界内的里分也在迅速增加，形成了国内仅有的租界内外二元同步发展、共同建设、共同繁荣的局面，超越了当时的上海、天津的只有租界一元发展的格局，汉口因此被称为“大汉口”。

1925—1936年为第三阶段。1925以后，民族工业迅猛发展。民族资本家以实业谋利益，建里分的目的不再是出租牟利，而是改善自己的居住环境，他们更加重视居住的舒适和便利，这就迫使设计者走出旧有格局，更多地考虑朝向、通风和日照问题；更多地考虑起居室、厨房、厕所和佣人房间分区的合理性，讲究房间内部的独立性，要求房间有单独的出入口。住宅不再限于二层，出现了三层及阳台、晒台的设计。里分内的通道也适当扩宽，以方便小车出入。江汉村、洞庭村、六也村、上海村等高档里分都是此时出现的。

江汉村是由王毕双、郑硕夫、胡芹生等九位富商、企业家投资兴建的，有九栋三层砖木结构西式住宅，是当时最新型的住宅。其空间序列很简单，属于主巷型里分，一巷两口与城市街道相接，但各栋的立面造型丰富多变，细部装饰风格各异又大体统一。平面布局有三间、两间半、两间、一间半式的变化，独栋单元紧凑，功能齐全，屋顶有平式和坡式；入口有院落式、门斗式、天井式等。但整个里分的建筑高度、材料和质量基本相同，故而呈现造型丰富、识别性强的特色。

类似江汉村这样的著名里分，其建筑风格呈现西式、中式、中西结合式等多种，其中很多的细节装饰美轮美奂，亦如小型建筑博物馆。

三德里

三德里1901年建成，是汉口最早也是最大的里分之一，有两层砖木结构房屋112栋，与后来建成的公德里、宏伟里相通。据《武汉地名志》记载，“清末民初，由三兄弟合资建房成里，并在此开设三德堂商号，故名三德里”。据考，三兄弟的父亲刘镛是著名的大盐商，也是“南浔四象”之首。刘镛的次子刘锦藻是三兄弟中最有成就的，中过举人、进士。1901年，三德里落成之时，他的著作《皇朝续文献通考》刚好写完，所以，三德里也沾此文之光，建成伊始便有了文化的滋养。

1916年7月《大中华日报》在三德里36号创刊，该报由“驻汉政学商界同人”组织，“以拥护共和，指导政府，扩张民权，提倡实业为宗旨”，“以崭然独立之精神，发严正不阿之言论”，故而与《震旦民报》、汉口《民报》等齐名。8月，该报迁出三德里。

三德里

1927年，大革命失败后，中共早期妇女干部向警予入住三德里，并在此被法国租界当局逮捕，后被引渡并牺牲。

1937年，一个小男孩跟随父亲冀贡泉从山西迁至三德里，他就是后来的共产党高级干部冀朝铸。他曾站在三德里，举头看空战，当日军飞机被击中，拖着长长的黑烟坠落时，三德里响起一片欢呼声。1938

年冀家随国民政府迁往重庆，翌年举家赴美。1948 年，冀朝铸进入哈佛大学深造，毕业后回国，为周恩来做英文翻译十七年，并随周恩来出访亚非欧十四国，参与了中国外交活动的多个重要时刻，是中国声名显赫的外交家，曾担任联合国副秘书长。

在三德里长大的国民党要员李焕，1949 年到达台湾，先后担任台湾行政院院长、教育部长、中山大学校长和国民党秘书长等职务。2002 年、2005 年，已近 90 高龄的李焕两次回到武汉，两次重游三德里。他感叹自己特别依恋家乡，并告诫自己的孩子要多了解、多关注武汉。2006 年这位高龄老人最后一次回汉，接受记者采访时，开场就是汉腔“您家好”，逗得记者直笑。他还记得，三德里对面有个明星电影院。2010 年 12 月 2 日李焕在台湾去世，享年 94 岁。

1967 年，三德里改名红光里，1972 年恢复原名。

咸安坊

1998 年，咸安坊 15 号的原房主范良勇先生接待了一位来访的 90 岁的老人。老人告诉范良勇，这栋房子是他家的，他 1904 年出生在这里，1913 年 9 岁时，他家将房子卖给了棉花商人黄少山，老人想在去世前再回来看看自己的出生地。老人还说，黄少山买下这栋房子后，一直居住在内，后又买下周围的土地，于 1915 年在这片土地上建起高档里分，取“富贵咸安”之意命名咸安坊。

咸安坊 15 号是一栋豪华别墅，与咸安坊其他房屋有很大区别，站在南京路上，可以看见咸安坊内一栋房子的二楼阳台上有双喜字栏杆，那就是 15 号的阳台。15 号就是一个时代的象征，是集文化、艺术与文物于一体的建筑。咸安坊之所以能成为著名里分，与这块土地上的第一栋建筑是精品、是榜样分不开的。

围绕咸安坊，后又建起德永里、启昌里和同仁里。1967 年四个

里分合并，改称灭资里，1972年恢复咸安坊名称，位于胜利街、鄱阳街、北京路和南京路所包围的地块中。

咸安坊有两个出口，西北口在胜利街上，从此口进入，左边有两条巷道，第一条带有门楣的是德永里，有四栋房子；第二条是启昌里，有八栋房子；其余的房子皆属咸安坊。从建设伊始，这三个里分就呈现开放式的居住环境，居民们同出同进，在繁华的闹市中心，形成一片宁静怡然的小天地。东南口在鄱阳街上，从此口进入是同仁里，有二层砖木结构楼房二十栋，入口处原有气派的门楼，上书“同仁里”三字。同仁里与咸安坊之间的分界线，就是那座标志性的圆门，现今成为汉口历史风貌区的风景打卡点。

咸安坊内主路宽达 6 米，是汉口少有的可通汽车的里分。里分户型多为“两间式”和“三间式”，但衍生出若干匠心独运的变异户型，其中有根据业主需求“量身定做”的，更多的是依据地块走势、范围大小设计出的异形平面。异形平面多用于储藏间、厨卫、走道等辅助空间，卧室、堂屋则保持方正合用。其中 44 号住宅“标新立异”，有锐角户型平面，6 号住宅又在临街山墙处开门，通过退让在入口处加强了“领域感”。多样化的设计，让坊内的房屋布局呈现相当丰富的变化，避免了均质街巷的单调。坊内建筑的立面构图整体精巧、装饰丰富、细部精彩，十分耐看；门洞、窗洞、窗台等处的细部设计也很精细；尤其在住宅外墙临巷道阳角处，甚至贴心地进行了圆弧防撞处理，充分体现了建筑形式的美化与功能的完整统一。这是设计者严谨态度的体现，也是前辈建筑师不凡功力的体现。

汉口民间对高等住宅的认定标准是“钢窗蜡板”，坊内每家都有带装饰图案的钢窗，它们和窗里窗外几代人共同经历了近百年的沧桑，依然不变形走样；每家住宅的楼板，采用的都是宽 2.5 厘米、长 15 厘米的洋松板，经过几代人的踩踏，仍坚固实用。住宅内部冬暖夏凉，隔音良好，各家都带有卫生设备，居住舒适。坊内多为石库门，进入大门是小天井，堂屋的地坪多为红色水磨石，地面上镶嵌有精美的黑色花纹，有的堂屋正中还镶嵌有“寿”字。

民国年间，咸安坊的租户主要为洋行中上层职员，也有中小资本家，轮船巨头卢作孚、药业大王陈太乙、医界传奇王奇峰、汉剧大师陈伯华等社会名流及黑帮老大刘玉堂，也曾在坊内居住。1949 年后咸安坊收为国有，安置了一批南下干部、国有企事业单位的职工。百岁老人、辛亥志士喻育之也在坊内 11 号居住多年。

咸安坊

置身咸安坊，充满生活气息的街巷、考究而人性化的室内空间中，有着不同于一般里分的气质。这种气质也吸引了很多艺术工作者。1998—2009 年，咸安坊接待过著名影星斯琴高娃、孙红雷、沈丹萍、汤唯、海清等人。在咸安坊 15 号拍摄过《董必武》《黄金时代》《夏菊花》等近 50 部影视剧，中央电视台及上海电视台、湖北电视台、武汉电视台都在 15 号拍摄过纪录片。

从 2020 年开始的青岛路咸安坊历史街区保护与更新改造完工后，咸安坊成功转型，成为集历史文化与时尚潮流于一身的商业综合体，成为汉口历史风貌区的新亮点，也成为传承大汉口百年里分风华的核心区。

伟英里

伟英里民国初年由地皮大王刘歆生在法租界兴建，位于中山大道黄兴路与车站路之间，呈十字形，里内皆二层砖木结构楼房，式样相近，排列整齐，以其女刘伟英之名命名。

伟英里一度散发着油墨清香。1916 年 5 月《民报》在日租界怀安里创刊，因内容涉及反对袁世凯，出版十二天后即被查封。8 月 20 日，报馆迁至伟英里 29 号后正式复刊，日出三大张，宗旨为“秉春秋之笔，诛暴除奸，以慰同胞踵引之殷，久旱之苦”。该报材料丰富，印刷精良，且“有闻必录，俾消息之灵通；无事不波，求新闻之正确。为救亡之针药，作醒梦之警钟”，是为伸张正义之报纸。8 月 25 日，花界小报《飞艇报》创刊，其目的是“以一纸之尺素，集花界之大观，想章台走马者，当必以先睹为快也”，发行处居然也设在伟英里 29 号。一时之间，以“社会道德，国家秩序，人民生计”为标榜的《民报》与专刊妓女“芳名”、专谈风花雪月的《飞艇报》并存于一室，一正一邪，演绎出汉口民国报业“欣欣向荣”的景象。

伟英里有文化人的聚集，也有商人的印迹。1884 年开业的老字号曹祥泰杂货店第二代老板曹云阶，在武汉沦陷后，为躲避战祸举家从武昌迁到伟英里 28 号，后将这栋面积约两百平方米的两层楼买下，给家人居住。曹云阶的女儿曹美璋，从此便居住在伟英里。这位 1937 年出生的老人回忆说，父亲曹云阶很讲民族气节。大约在 1944 年，日本人闯到伟英里曹家，强迫

伟英里

曹云阶出面当商会会长。但曹云阶捋着长长的胡须说，自己老了，管不了事了。日本人没有办法，只能离去。曹云阶是有骨气的商人，他兑现了自己“宁死也不能给日本人做事”的诺言。

1946年，71岁的刘歆生在伟英里两层楼的商务房里去世。1967年伟英里改名保卫里，1982年复原名。

同兴里

同兴里位于今胜利街与洞庭街之间，此处原为大买办刘子敬的私人花园。1928年前后，由周纯之、贺衡夫等22名业主在此以“联建”或“自建”模式，建造25栋二层砖木结构住宅，多数为石库门形式，排列整齐，外墙粉麻石，红瓦屋顶，第一层木地板下有架空层，内部装修精致，有卫生设备。1932年住宅修建完成后，取美好愿望之意，命名同兴里。

同兴里采用的是多栋联排或“一底一栋”的形式，因房主需求的多元性，建筑平面布局灵活，建筑立面形态各异。总体上，单体住宅为西方的集中式布局，但单体的平面或多或少都带有中国传统的元素，其房前屋后的小天井，就是中国南方传统民居不可或缺的元素。天井为紧凑的空间增加了通透感，解决了房屋深处的采光和通风问题，并将附属用房与主要用房隔离开。

同兴里

里内各住宅的门头装饰各不相同，形状有三角形、半圆形、弧形、长方形或组合形，其上的浮雕更是丰富多样，有地道的欧洲古典山花装饰，有巴洛克式的卷草、蛋饰和大卷涡，也有中国传统的吉祥图案，其中充满设计者与建造者的艺术发挥。

里内住户的木质楼梯，雕饰精美，各具特色。楼梯的每一处拐角都不相同，楼梯扶手磨制成了各种不同形状的流线型，门插销都是黄铜所制。一楼和二楼拐角处的墙上嵌有放煤油灯的木头盒子。这些都是旧时非富即贵的生活状态的遗存。

1970 年，一所中学组织学生到居民区杀鸡打狗，有学生来到同兴里，在一户人家的阳台上看见一只硕大的金鱼缸，里面养着几尾少见的大肚珍珠，在另一户人家中，找到一只长颈少毛的高大斗鸡。学生们和斗鸡主人一家争吵好长时间，终于让主人杀掉斗鸡。金鱼和斗鸡，其实是同兴里住户精致生活最后的遗存。

1967 年同兴里改名烽火一里，1972 年复原名。

上海村

上海村 1921 年由商人李鼎安在江汉路中段投资修建，1923 年落成，取名鼎安里，1945 年改称上海村。上海村为主巷型布局，有三排楼房，每排九个单元，单元进门都有小天井，屋顶有亭子间。村内房间内空很高，玻璃窗外有精致的百叶窗。楼面用钢筋混凝土浇筑后再铺上木质地板，有彩色水磨石楼梯和楼道，有配套的厨房、厕所，有雕花的装饰，其建筑风格为中西合璧，艺术感强。

当年，从鼎安里口到鄱阳街口，都是高档商业铺面，如华美药房、中国旅行社武汉分社的火车票售票点、上海泰康糖果饼干公司、邮电门市部、中央药房、亨达利钟表店及英国资本家周鼎和开的商行；里内还设有几家钱庄。鼎安里原住户多是富人，每层楼只住一两户人家，居住环境宽敞舒适。

上海村

1931年武汉大水，鼎安里因地势较高，只有底层受淹，由于房屋结构坚固，损失不大。

解放初期，第三排住宅卖给长航宿舍、孝感驻汉办事处、常州大成纱厂驻汉办事处、华年公司和201厂（即3506厂的前身）等单位。1952年上海银行与十几家银行合并组成公私合作银行。1956年公私合营，上海银行旗下的中国旅行社武汉分社划归人民银行。1957年人民银行行长李赐恭将上海村交给武汉市房产局管理。

1960年代后，里分内居民结构发生了很大变化，住户成倍增加，每层楼都挤进三四户人家，大房隔成小房，楼道上堆满杂物。2010年时，96岁的老居民王士桢回忆自己在里分内住了半个多世纪，对里分很有感情。他说，邻里和睦相处，互相都很照应，有夜不闭户、道不拾遗的民风。改革开放后，里分口摆出一个早点摊，售卖热干面、馄饨、天津小笼包等。街坊们都青睐天津小笼包和馄饨。旁边有卖报摊点，王士桢老人每天早上在这里买份《武汉晚报》，看完后再让卖报的师傅换份其他报纸。卖报的师傅很照顾王老，让他随意看个够。

安利洋行楼矗立
胜利饭店韵悠凝

18 涉外饭店

汉口开埠后，租界内逐渐兴建起新型旅馆。1919年法租界开业的德明饭店是租界中最好的饭店。武汉解放后，江汉饭店、胜利饭店成为武汉市的涉外饭店。

从德明饭店到江汉饭店

1900 年，修建大智门火车站时，法国商人圣保罗看准火车站旁的商机，在邻近火车站附近的法租界内（今蔡锷路口）修建了德明饭店，1919 年完工开业。德明饭店是武汉最早由外国人开办的高档饭店。蒋介石、程潜等国民党要员曾下榻该饭店。

1946 年，国共和谈期间，中共和谈代表周恩来、李先念、王震均入住德明饭店。由于国民党中统指示中统汉口站对中共和谈代表加强监控，饭店内，特务们化装成茶房、厨师、清洁工，随时寻机窃听谈话、偷取文件并监视来往客人；饭店外，特务们化装成擦鞋匠、卖烟小贩，日夜值守在大门前。

20 世纪 50 年代初，德明饭店一度改称中南军政委员会大礼堂。

江汉饭店

1951年8月抗美援朝时，民建武汉市第一届委员会第一次委员大会在这里召开，会议号召全体成员以抗美援朝为当前主要政治任务，积极增产，捐献武器。

1954年，德明饭店改称江汉饭店，成为湖北省接待外宾的主要场所。法国总统戴高乐、澳大利亚总理霍克、朝鲜劳动党主席金日成等70多个国家和地区的贵宾以及社会名流都曾下榻江汉饭店。

1956年5月5日—7月5日，《苏联经济文化建设成就展览》在武汉中苏友好宫展出。展览会期间，毛泽东曾于6月在江汉饭店下榻，并接见武汉地区文艺工作者。7月4日，武汉市市长宋侃夫在这里举行盛大招待酒会，庆祝苏联展览会获得成功；7月5日展览会闭幕时，苏联展览会主任斯莫里扬诺夫也在这里举行答谢晚宴，张体学、宋侃夫应邀出席。周恩来、林彪、刘少奇、江青、宋庆龄、邓小平、江青来汉时，都曾下榻这里。

70年代，物资不甚丰富，为做好来汉外宾和华侨的商品供应工作，武汉市在这里设有供应外宾的服务部和小卖部。改革开放后江汉饭店逐渐向社会开放，1998年9月18日加入国际金钥匙组织，成为湖北省第一家拥有金钥匙的饭店。

从安利英洋行到胜利饭店

1929年，英商安利英洋行委托景明洋行设计，在今四唯路11号建设安利英洋行大楼，建筑总面积5822平方米。大楼分两次施工，1930—1931年由李丽记营造厂承建，建成一层样子间；1933年由钟恒记营造厂承建全部建筑，1935年完工，总造价为银圆13.6万元。

施工所用木料及五金材料，均由国外运来；大楼全部用枣红色泰山面砖，白色砖缝，高处两条白色腰线，整个立面造型构思简洁而气

派。大楼选址在十字路口，拐角处的饭店大门为旋转式大门，门口的四根欧式石柱是大楼的对称中心。大楼内部各层都铺柚木地板，每个房间都带宽大且有雕花护栏的白色阳台；楼内卫生、水电、暖气设备齐全，并安装有电梯。武汉沦陷时大楼一度被日本军部占用。

1950 年 2 月，中南军政委员会办公处和中南军政委员会文化部文艺处电影科租用此楼办公，并向中南各省发行电影拷贝，具体由中南区文工团电影队队长王树堂经理。每部影片一般有 3 ~ 5 个拷贝，武汉只留一个拷贝在各主要影戏院轮流放映。1950—1954 年，中南各省及武汉各大影戏院放映的电影拷贝，都从这里发出。

1954 年 6 月，中南军政委员会等机构迁离。当年底大楼改成饭店，命名胜利饭店，是武汉市早期享有盛名的涉外饭店。饭店内设有豪华客房、中央空调，由名厨主理，中菜以鄂菜、粤菜、川菜见长；西菜以俄式、法式和日本风味为主。1956 年公私合营后，西餐馆都改营中餐，但胜利饭店等涉外饭店仍然供应西餐。

1961 年 9 月 23 日，英国蒙哥马利元帅在中国人民国防体育协会主任李达上将的陪同下，从北京来到武汉，下榻胜利饭店。次日下午，他应毛泽东之邀到东湖会面，谈话结束后，毛泽东邀请他同游长江。他未接受邀请，但在船上看着毛泽东在宽阔的江面上似闲庭信步，不禁从内心里赞叹！船到滨江公园下游不远处的一个小趸船靠岸后，毛泽东意犹未尽，又和他一起到胜利饭店 508 号房

胜利饭店

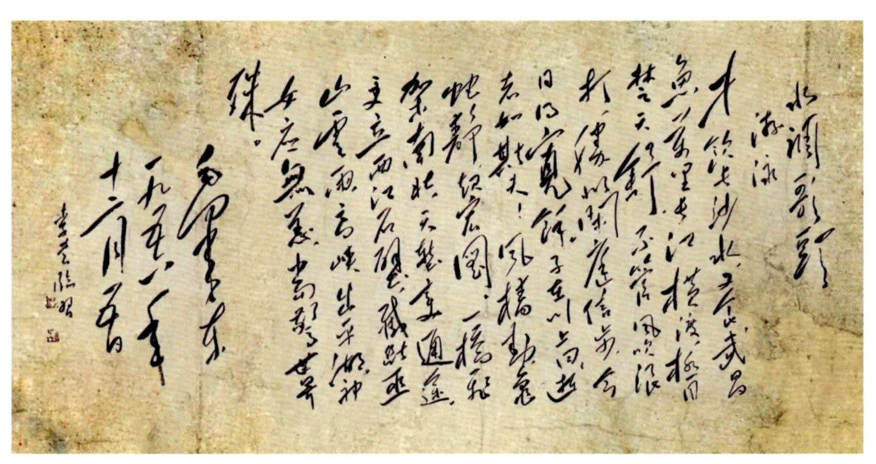

《水调歌头·游泳》

间，继续畅谈近一个小时。分手后，毛泽东让秘书将自己在凌晨时写的词作《水调歌头·游泳》赠送给蒙哥马利。这段不寻常的经历被蒙哥马利写进自己的回忆录《三大洲》中。

80 年代末期，胜利饭店临街的一楼餐厅和房间开始对外开放。靠江边的花园，被分隔后建起武汉市人大常委会办公楼。

夏来逭暑浑无地

纷向刘家吃夜茶

19 花园和公园

武汉四季分明，阳光充足，雨量丰沛，生长期长，适合各种园林植物生长和繁殖。汉口成镇后，达官贵人、富商巨贾习尚风雅，多建园亭以自娱。租界辟出后，亦有西洋风格园林出现。然岁月流逝，水、火、兵燹摧残，早期园林及带有公馆之花园，多半无迹可寻。1949年后江岸不断规划建设，今解放公园、江滩公园已是市民不可或缺的休闲、游览之地。

刘家花园／歆生花园

刘家花园，简称刘园，也称歆生花园。主人为清末至民国年间汉口著名买办刘歆生，他在全盛时期辟建刘园。1915 年出版的《汉口小志》收录有《刘园夜游记》：“出歆生路近循礼门车站有刘园焉，汉口名胜地也！”《夏口县志》《武汉快览》《续汉口丛谈》《全国旅行指南》等书，都把刘园列为名胜之地进行介绍，可见刘园在汉口曾盛极一时。

刘园在何处？很多人说，就在原武汉船舶公司的大围墙内。其实，这只是刘园的一部分，刘园的面积向北越过解放大道、纺织品大楼，再过马路，包括红艳村全部，约占地 25 亩。刘园无外景可借，布局上便力求固高就低，挖湖堆山，使园内地貌自成体系。山的位置选在地势较高的今江汉路和铁路一侧，水体则选在越过解放大道的低洼一侧，整个园林便呈现出反传统的南山北水式布局。为让水面富有变化，园内利用半岛将湖面划分成大小两部分，大湖面设水榭式亭阁浮碧亭，小湖面设清妍亭，两者主次分明又互为对景，驳岸也因此曲折变幻，增加了水面的纵深感。园外沿界掘出明渠，既调剂园内水位，又起隔离作用。游人入园先进翠寒亭，亭周花木扶疏；穿亭向前，隐见清妍亭；进清妍亭，又见浮碧亭。沿铁路一侧边道徐行，即入浮碧亭，这

刘家花园

是全园中心，三面环水，俯瞰全园：湖光潋滟，莲荷田田；沿岸垂柳依依，亭台掩映；东南山石突起，蹬道盘旋，各处景色一览无余。漫步园中，可谓步移景开、引人入胜。

刘园的围墙处理很别致：东南方地势高爽，用砖墙阻隔车流、人流，减少了铁路和街道对园内环境的干扰；沿墙栽种高大林木形成障景，又加强了全园空间的独立性；西北方地势低洼，用明渠环绕，加以竹栅，显得雅致又自然。刘园内自辟花圃，自繁自用。更值得一提的是园内水下有鱼、笼中有鸟，陆上更有少见的大型猛兽豹子。“豹房周围堆山叠石，小道险峻；健豹一吼，曲径震荡。游人见其形，闻其声，莫不骇然。虽居繁华闹市之中，且有深山丛莽之感。”

1911 年阳夏战争时，刘园成为民军临时指挥部，遭到清军炮火攻击。清军攻占大智门后，又在刘园设炮位向民军轰击。1934 年，王葆心在《续汉口丛谈》中说：“通镇所传只一刘园，在铁路外，辛亥之变半已摧毁。”1913 年，刘歆生将刘园租赁给建华公司，该公司出资修葺后向公众开放。每至夏日，这里便是“消夏纳凉之所……，深夜往游者甚众”。有诗赞曰：“汉上名园无几家，稍栽花木便争夸；夏来逭暑浑无地，纷向刘家吃夜茶。”可见修葺后的刘园风光不减当年。在中山公园尚未兴建之前的三十余年间，它是汉口最佳的近代园林。

1918 年“南北大战”时，段祺瑞政府组织北军南下。2 月，曹锟统领第一路军到达汉口，设司令部于刘园。此后，刘园相继成为刘佐龙的第廿九军军部、武汉警备司令部驻地。1931—1944 年，这里一直是叶蓬的警备司令部和伪警备旅司令部。1935 年武汉警备司令部在刘园举办防空展览，射击靶场中设有象征日本国旗和日本军人被击中的图像，以宣传抗日，一度引起日本抗议。抗战胜利后，刘园为国民党军事法庭所占，园内四角建有炮楼，房后建有简易飞机跑道，此时，刘园已名存实亡。

杨森公馆·杨森花园

1928 年，四川军阀杨森在今汉口惠济路购地，建造了一栋西式连底，豪华、气派的三层楼房，即杨森公馆。公馆大门门楼拱出，为四方形门廊，两边为顺坡，汽车可沿坡直接停在门口。在汉口的老公馆中，此结构独一无二。进门后，通过盘旋而上的环形大楼梯，可达二、三层楼，每层楼中间均有大客厅。公馆也有侧园，即原市委印刷厂所在地。

杨森公馆内辟有杨森花园，占地 5.6 公顷，大部分在今市委大院内。花园四周绕以环墙，内有假山荷池，亭台楼阁，芳林名花；靠东北墙筑池垒山，亭廊相连；园内辟有 120 平方米的游泳池。盛夏时节，循廊缓步，清风拂衣，芳香袭人。公馆和花园将建筑与环境和谐相融，使住宅与园林烘托映衬，堪称一代名园。1931 年武汉大水，花园被淹没，损失很大。

1936 年春，杨森以每年一块大洋的租金，把公馆、花园一并租给汉口电影制片厂厂长郑用之。1937 年 7 月卢沟桥事件后，杨森奉

杨森公馆

命率二十军赴上海参战，在武昌徐家棚车站转船时，专程过江来看看自己的公馆。郑用之陪着杨森参观制片厂，并用盛情款待对这位即将奔赴抗日前线的军人表达敬意。杨森即将离开时，郑用之派出一个摄影组跟随杨森，拍摄了一部《二十军开赴上海抗战》的纪录片，对奔赴抗日前线的二十军官兵们鼓舞很大。

杨森公馆也曾经做过美国空军招待所。武汉沦陷后，日军占据此地。抗战胜利后的 1946 年初，公馆在暴雨中遭雷击，三楼被烧坏，汉口市工务局出资修理，至 3 月中旬完工。5 月 10 日，以周恩来、张群和美国代表马歇尔组成的“三人军事小组”，在亲赴宣化店前线视察之后，在此举行会议并签订制止中原内战的《汉口协议》。这是抗战胜利后国共双方就停止国内军事冲突达成的协议。《汉口协议》的签订为中原军区赢得了宝贵的时间。6 月 26 日，中原军区部队一举突破国民党的封锁线，成功实现战略转移。解放前夕，白崇禧也曾以此为公馆。

杨森公馆现为武汉市优秀历史建筑。

从海关花园到群众艺术馆

汉口合作路 15 号是园林式的花园楼房，已有 130 余年的历史。

1875 年，一位英籍侨民在英租界内修建了一栋有联券回廊的砖木结构三层楼房，楼房立面为三段构图，是典型的英国殖民地风格的建筑物。楼房占地 880 平方米，楼前花园面积竟有 1026 平方米，花园内栽植有常绿树和落叶树。炎夏时节，园内一片清凉，是消闲避暑的好地方。

1880 年，洋房花园转让给了江汉关署，成为税务司长官官邸。1924 年，江汉关大楼落成，官邸改为江汉关俱乐部，挂出“海关花园”招牌。周末和节日，海关官员可以在这里举办宴会、舞会、联欢会等

各种活动。

1950 年人民政府接管海关花园。为了活跃群众的业余文化娱乐生活，1951 年，由市长吴德峰领衔改建花园，新建方厅圆亭、喷泉鱼池、菱角长廊、假山、花台、石椅、甬道和园门，内设茶座，建有露天舞台和舞池。改建完毕后，花园内廊水相映，幽静雅致，称武汉市文化俱乐部。整个 50 年代，来园观光的游人络绎不绝，节日庆典人群更是川流不息。湖北省外事处也将花园列为国际友人的游览胜地之一。省市领导经常来到这里和人民群众联欢，著名戏曲演员梅兰芳、程砚秋、陈伯华等人都曾来此演出。

1954 年后，花园内纪念活动不断。鲁迅逝世 18 周年时，园内修建了鲁迅半身雕像和纪念碑；花园内一株直径约 1 米、高约 2 米的百年大铁树（据传树龄长达 180 年）开了花，一时传为佳话。同年 8 月，由音乐家夏之秋、程云担任团长的武汉市合唱团成立，当年参加了纪念“十月革命”37 周年音乐会；1955 年 10 月参加了纪念聂耳逝世 20 周年、冼星海逝世 10 周年音乐会；1957 年参加了武汉长江大桥建成通车的桥头音乐会及其他大型音乐会等。

诗人、作家、画家、音乐家常来这里即景吟诗，临场速写，操琴谱曲。著名画家李可染等人在此举办了个人画展，原武汉市委宣传部部长李尔重在这里写完了小说《扬子江边》。

“文化大革命”期间，园内停止各种活动，武汉市合唱团解散。1978 年，武汉市文化局将市群众艺术馆设立于此，并对外开放，市民可前来晨练、散步并参加艺术活动。80 年代，在原大楼后又修建一栋七层楼房，辟出教室、排练厅、音乐部、美术摄影部等机构，用以培训少年儿童。

从武汉第一苗圃到解放公园

在汉口东北部，东临解放大道，西与中共武汉市委一墙之隔的解放公园，是国家重点公园，也是江城第一个人工湿地公园。

解放公园的前身为汉口西商赛马体育会旧址的外场部分，俗称西商跑马场。1951 年 5 月，中南局、中南军区司令部、中南军政委员会等单位召开座谈会，一致同意将旧西商跑马场分两步改建为公园：先用其地辟建武汉第一苗圃，在苗圃的基础上再改建成解放公园。

为什么不直接建公园，而要先辟苗圃呢？因这片区域地势平坦，土地肥沃。新生的人民政权既需要发展国民经济，又需要绿化城市。这个天然的苗圃用地正好利用。

1953 年正式辟建公园时，请来东湖风景区管理处的余树勋做设计。为扩大公园面积，余树勋和武汉市建设局一起，将坐落于今惠济路一段约 70 亩的土地收购入园，然后开始挖河填山、植树造林并兴建廊亭。1955 年“五一”国际劳动节这天，率先开放柳林区，这里集中了高大浓荫的杨柳、箭杆杨、白毛杨等千余株大树，晓春轩、露华台、依亭、寿石亭隐现其间。翌年公园又举办首届菊花展览，展出墨荷、绿荷、梨香等各类菊花百余种。

公园在园林设计上，注意利用地形地貌，采取丛植、孤植等多种方法造园设景。如广玉兰、桂花、樱花、塔柏丛植于草坪之间，高大的雪松孤植于花坛之中；绿萼、台阁、玉蝶等品种的 132 株老梅花遍植于朝梅山上；金桂、银桂、丹桂怒放于夕桂岭间，衬托着绿瓦宫柱的“疏影”“望舒”两亭。道路两旁，法桐、喜树、枫杨成荫；庭轩之前，以龙柏、雪松点缀，背面则衬有栀子、女贞；曲水桥头有三角枫成林；桥旁孤岛中，保存着近百年的毛白杨；中心花坛内外，月季、石榴遍开。

解放公园

1957 年公园全部开放时，园内已是河道环绕，地势起伏，树木成荫。除柳林区外，还有蔷薇园、迷宫区、鱼乐园、苏军烈士墓和墓前的休息廊两座、朝梅岭、夕桂岭、主干道中心花坛、可容纳五千名观众的露天剧场、三座木桥等风景点。好一个美不胜收的解放公园。当年秋，在鱼乐园（今盆景园）与杭州动物园联合举办“武汉市第一届金鱼展览”，共展出 140 多个金鱼品种。以后每年举办一次鱼展，直至 1966 年。

1958 年中共八届六中全会期间，叶剑英、徐特立、贺龙、徐向前等中央首长都到公园游览。1959 年，为庆祝中华人民共和国成立十周年，公园举行盛大游园盛会，举办放焰火、狮子灯舞、龙灯舞、相声、评书、快板及体育竞技等活动，吸引了二十多万市民前来参加。

解放公园从辟建伊始，就十分注意月季品种的栽培。从 20 世纪 50 年代至今，一直以月季品种丰富著称。改革开放后，又与苏联莫斯科科学院植物园交换白雪、知春、和平、国色天香等优良月季品种，使月季园更加花团锦簇，引人入胜。

2005 年，武汉市针对解放公园水体污染、设施老化等问题，决定对公园进行封闭改造，11 月，采纳加拿大园林专家文森特·艾思林的设计，在公园内建立生态湿地，用生物方式净化被污染的湖水。改造完成后的公园，拥有蒹葭（芦苇）、荇菜、蒲苇等《诗经》里描绘的水生植物 60 余种、数万株，不仅为公园增添了诗情画意，还发挥了生态价值，同时开创了武汉市内改造人工湿地公园的先河。

武汉市青少年宫

1953年1月，中国人民保卫儿童全国委员会主席宋庆龄应邀访问苏联，参观了苏联设立的提供给学校开展校外活动，以培养、发现天才儿童的场所——青少年宫，回国后即号召各地成立青少年宫。

1956年，在共青团武汉市委号召下，全市少先队员、团员青年、解放军战士以及社会各界人士，在今解放大道1435号的大片芦苇丛生的沼泽地上，踊跃参加义务劳动，在他们的脚下，仅仅用了不到一年的时间，便建成了占地面积达22万平方米的武汉市青少年宫。

50年代中期到80年代，武汉市每一所中小学校，都会一年两次组织学生去青少年宫走“红军路”。红军路仿红军长征修建，贯穿整个青少年宫，有些项目有点困难，但都在小学三年级以上和初中生能够接受的范围内。有的市民至今仍记得，最后一道关口是划船过一个湖泊，每次有几个青少年会依次走上一个木筏子，靠自己的力量划过小湖，直到欢呼着上岸，便走完了长征路。青少年宫就这样成为那个年代的青少年难以忘怀的记忆。

青少年宫内有少年英雄吕锡三的塑像。吕锡三是球场街小学学生，为抢救落入黄孝河的儿童不幸牺牲。1959年6月10日，共青团湖北省委、中共武汉市委追授吕锡三“优秀少先队员”称号。1961年6月1日，国家副主席董必武题写“少年英雄吕锡三纪念碑”，中共武汉市委和市人民委员会决定在少年宫内为吕锡三修建纪念碑和塑像，建好的纪念碑基座如同惊涛骇浪，基座上的吕锡三神情紧迫，仿佛正奔向河边，形象极具感染力。2002年4月，

武汉市青少年宫

青少年宫对面的安静街小学更名吕锡三小学。

改革开放后，宫内办有各种青少年培训机构。2004 年 12 月，青少年宫布局发生大变化，临解放大道大门处修建的七层艺术综合楼成为宫内的主体建筑，多种门类的青少年培训机构迁入大楼，其中艺术类培训有钢琴、器乐、声乐、美术、书法、素描、舞蹈等，体育类培训有体操、武术、足球、健身、乒乓球等，综合场馆有排练厅、视听间等，年培训学员数以万计。宫内还有青少年文武学校、中国少年儿童手拉手艺术团武汉分团、小记者团等机构。田径足球场、网球场、篮球场等体育活动区和青少年海模基地仍然保存。1996 年建成的青少年宫水上乐园，面积达 8000 平方米，是武汉市第一个大型水上世界。

如今的青少年宫，已经不再局限于少年儿童，老年人也成为宫中娱乐休闲的主要群体。

汉口江滩公园

20 世纪 80 年代左右，一些企事业单位和居民抢占江滩建工厂、房屋，导致江滩出现诸多违章建筑，这些建筑物挤占了江水的空间，给长江泄洪和防洪带来严重困扰。1998 年长江大洪水，再次给武汉市敲响了警钟。大水之后，武汉市着手对武汉江滩进行防洪及环境的综合整治，开始打造江滩公园。今天的江滩公园，南起武汉科技馆，北至丹水池后湖船厂，全长 7 公里多，面积约 150 万平方米。

从 2000 年开始，江滩公园的第一期工程开工了。一期工程从武汉科技馆至粤汉码头，共长 1.04 公里。这短短的距离内，共搬迁了 58 家企事业单位，拆除各类阻水建筑物 9.6 万平方米。2002 年 10 月正式开放时，市民们看到了最具特色的三层观水平台：一层为观景台，比沿江大道马路高出一米多；二层是平台，汛期时紧临江水，大汛时会淹没；三层是枯水季节的沙滩。三层观水平台的设置，让市民亲身体会汛期长江水位的高低，对滔滔江水有了更深刻的认识。所以，观水平台并非只是亲水这么简单。一期工程的另一特点，是以大面积绿化和滨江公共休闲活动空间为主，在14万平方米的绿地面积上，采用中国传统私人园林风格设计，使之具有曲径通幽的特点。所以，自江滩开放，这里就成为新人拍婚纱照的首选之地。

汉口江滩公园

第二期工程从粤汉码头至长江二桥下，全长2.4公里，2003年9月正式开放。二期工程的亮点在玻璃广场和步道，玻璃广场共安装了6000余只冷阴极管,形成大规模的霓虹灯阵，市民可观看循环产生的8000多组多彩画面。玻璃步道的桥面与广场相连，照明由池壁的蓝色射灯、喷泉下的射灯和玻璃桥面灯组成。除了亮化地面这一亮点外，二期设立的19组雕塑小品，通过安装各式灯具，也让晚间的亮化效果美不胜收。

第三期工程从长江二桥至后湖船厂，全长3.6公里，2006年元旦正式开放了长江二桥至滨江苑段。此段主题是全民健身，设计的健身长廊达8万平方米，有健身步道、14个网球场和1个滑冰场、沙滩游乐场、溜冰场、足球场、篮球场、游泳池、乒乓球场、羽毛球场等健身场地，全部体育设施可同时容纳数万人活动，尤其是全民健身长廊和塑胶跑道更是江滩亮丽的风景线。无论是清晨还是黄昏，都有大批市民来这里锻炼。三期共种植乔木2万余株，绿地总面积38万平方米。

“两江四堤八林带，火树银花不夜天”成为江滩公园的真实写照，这是武汉打造的最美风景。江滩公园拥有江滩景观轴、堤防景观带、滨江亲水带、休闲活动区、中心广场区、体育运动区和园艺景观区，每天成百上千的市民来此休闲漫步，可欣赏音乐喷泉、水上乐园、戏水梯台等亲水主题，可在此悠闲漫步，看江天一色，看群花吐艳，看芦苇摇曳，让江风吹拂，听鸟儿婉啼。这里已经是武汉市民共同拥有的“金外滩”。

家家列肆汉江滨
南朔东西百货陈

20 城市故事

近代以来，汉口发生的巨变，反映在社会生活的方方面面，有些和日常生活、居住方式直接相关；有些和政治、军事密切联系。城市的巨变是江岸历史的组成部分，城市的地位在这些史迹中也可见一斑。

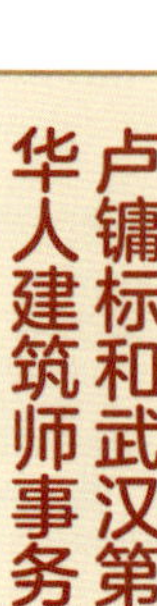

卢镛标和武汉第一家华人建筑师事务所

1930 年，卢镛标在清义里（后迁鼎余里）成立建筑师事务所，一举打破了洋人对武汉近代建筑设计的垄断地位，书写了近代武汉建筑史上的辉煌一页。

卢镛标（1902—1945），浙江省定海县人，1923 年在景明洋行工作，1925 年起在工作之余承揽部分测量和住宅设计业务，如联保里、长春里、福生里便是他设计的。

1930 年，卢镛标聘请华人同行和外籍建筑师数名相助，开办自己的建筑师事务所，先后承担上海大戏院（今中原电影院）、立丰榨油厂、五丰面粉厂、四明银行大楼、中国实业银行大楼、中央信托公司大楼、硚口天主堂、武昌善导女中等建筑的工程设计，其中四明银行大楼、中国实业银行大楼、上海大戏院为其代表作。

四明银行大楼位于江汉路，是七层钢筋混凝土结构，外墙下部为麻石（花岗岩料石），上部人造石（水刷石面）。建筑立面简明高雅，颇为壮观。中国实业银行大楼也在江汉路，系钢筋混凝土结构，中部九层，两翼各六层。外墙面为黑色磨光青岛大理石（实为花岗岩），上部为红色水泥粉刷到顶，建筑外观极为宏丽。这两座大楼均为高层建筑，建筑造型均摆脱了洋商惯用的古典柱廊式，采用刚流行的摩登式，建成时曾轰动武汉。至今，这两座大楼的建筑造型仍然壮观宏丽，内外装修用料牢固如初。其中中国实业银行大楼左侧外墙底层面当年嵌有“建筑师卢镛标设计”的奠基纪念碑。

上海大戏院位于今洞庭街 74 号，1924—1931 年由浙江商人陈松林耗资 8 万银圆兴建，为二层钢混结构楼房，采用 18 米大跨屋架，大理石墙裙，水磨石楼梯。前门厅宽 7.25 米，深 7.22 米。楼座悬挑 10.8 米钢框，屋顶中部设有纵向气窗，整栋建筑颇有气派。“上海

四明银行

大戏院”招牌由书法家石榴园所书。1938年7月6日，国共两党、各抗日民主党派和无党派人士组成的国民参政会，在该戏院召开第一届第一次会议。会议确定“抗战到底，争取国家民族之最后胜利”的基本国策，宣布“各党各派合作的抗日民族统一战线”的方针，通过多项重要议案。

1945年卢镛标在汉口病逝，年仅43岁。

民国时期汉口三次纪念鲁迅活动

1937年10月19日，鲁迅逝世一周年之际，武汉文化界、七月社等团体在汉口基督教青年会联合举行鲁迅先生逝世一周年纪念大会。纪念会主席团由胡绳、胡风、冯乃超、聂绀弩、萧军、何伟、光未然七人组成。会上，柯仲平和王莹朗诵的诗歌，著名音乐家冼星海指挥的合唱，还有许多知名人士的发言，主题皆为弘扬鲁迅斗争精神，抗击日本帝国主义的侵略。此前，胡风主编的《七月》也隆重刊出了纪念鲁迅的文章。

1938年10月19日，武汉文艺界人士又在汉口基督教青年会举行两周年纪念会。周恩来、博古、邓颖超、胡愈之、冯乃超、郭沫若、田汉、潘梓年等人出席会议。周恩来的讲话强调：在武汉危急时纪念鲁迅，更应当学习他倔强奋斗、至死不屈的精神，不退让，不妥协，

民国时期汉口纪念鲁迅活动在此举行

困难愈大，要愈加努力，坚持抗战，特别要紧的是要有最后胜利的信心。

1946 年 10 月，武汉部分革命作家和进步报人，决定举办鲁迅逝世十周年纪念会。纪念会地点选在汉口美国新闻处图片部（原隆茂洋行）小放映室内举行。19 日上午，邵荃麟、伍禾、曾卓、黎少岑、邹荻帆、陈枫等二十余人参加纪念会，大家争相发言，或讲形势，或谈创作，或揭露反动派的暴行，大家都认为，此时此刻更需要像鲁迅那样去爱和恨，发扬战斗精神，在自己占领的阵地上，同国民党顽强斗争。

武汉举行的三次纪念鲁迅先生的集会，核心内容都是缅怀其不朽业绩，学习其斗争精神。

华商总会·将军宫

1922 年，汉协盛营造厂在今江汉二路 157 号修建一栋四层豪华建筑，沈醉题写的“将军宫”悬在大门之上。此楼本来与任何将军都无关，是汉口商务总会出资修建的类似于洋人的“波罗馆”（即俱乐部），为宴客、赌博、打台球、下棋、品茗、鉴赏古玩、阅读报刊之用，是一个聚会和结交显要的地方。楼内有戏台、会议室、会客室、阅览室、餐厅、理发室、浴室、起居室等设置，供会员使用，称华商总会，也有人称其为华商“波罗馆”。大楼门前的这条街称为华商街。

华商总会对于建设汉口起了重要作用，“模范区”的规划和建设，就是楼内的商界巨头们酝酿而成的。一片荒凉低洼之地，变成马路纵

横、房屋栉比的模范新区，在旧市区与租界之外独树一帜。

将军们是北伐后来到这里的。1926年9月，国民革命军攻占汉口，北伐军总部入驻此楼，华商总会只得迁走。1927年1月，国民革命军第九军第一师贺龙部进驻该楼，半年多的时间里，贺龙从师长升为军长，大楼从师部变为军部。20世纪80年代初，拍摄电影《贺龙军长》时，摄制组在楼内大厅及西屋拍摄了很多镜头。电影公映后，贺龙夫人薛明专程前来参观了此楼。

与贺龙同时入驻此楼的，还有国民党中央党部秘书长叶楚伧。该党部很多重要文件都由叶楚伧签发或拟定，楼内的中共地下党员总能寻机留下一份，把这些文件及时送达中共中央。

1929年蒋桂战争后，国民政府武汉陆海空军总司令部武汉行营侦缉处设在楼内，负责逮捕共产党人。他们将地下室隔出二十余平方米做成密封式牢狱，添置了各种刑具。1930年夏，“铲共专家”蔡孟坚调到侦缉处，他以叛徒做眼线，破坏了中共湖北省委和长江局机关。1931年4月24日下午，他又将中共中央政治局候补委员兼特工科负责人顾顺章逮捕。顾顺章未经审讯就叛变投敌，中共在汉机关遭到毁灭性破坏。1990年《蔡孟坚回忆录》在台湾出版，称顾案是“可以改写中国近代历史的故事”，“顾案关系中共命运甚大，若非共谍钱壮飞截留电报，则周恩来及潜伏上海之共党份子必一网成擒，而予以中共以致命打击”。1932年夏，何成浚的驻鄂特派绥靖公署进驻，在这里发出一系列

华商总会・将军宫

围剿红军及革命根据地的指令。

1937年武汉为战时首都，国民党军事委员会机要室、铨叙室设在楼内，武汉沦陷后，又成为日军军事机关。抗战胜利后，国民政府军事委员会武汉行营（后为武汉行辕）在楼内成立，主任程潜在此负责湘鄂赣三省及皖豫一部的作战指挥。

1948年6月，华中"剿匪"总司令白崇禧入驻大楼，企图以武汉为据点达到抵制解放军军事进攻、逼迫蒋介石辞职引退的目的。1948年底，蒋介石欲引退的消息传来时，楼内的白崇禧很是兴奋。1949年1月21日，蒋介石正式宣布下野文告，由"副总统"李宗仁代行职权，当天晚上，白崇禧在二楼大厅举行舞会以示庆贺。2月25日下午，"代总统"李宗仁来到此楼和白崇禧密谈"以战求和""划江而治"等对付共产党的策略，白崇禧遂加快在长江沿线特别是武汉周围秣马厉兵、炸毁隧道等阻止解放军南下的部署。1949年4月"和谈"流产，5月14日张轸在金口举起义旗后，白崇禧于5月15日下午1时飞离江城。

5月16日，人民解放军挺进汉口，宣告武汉解放，次日武汉三镇全部解放。

1949年7月8日，大楼挂上中苏友好协会中南暨武汉分会的牌子。11月3日在这里接待苏联著名作家西蒙诺夫。1951年后，这里先后成为中国人民保卫世界和平委员会武汉分会、中国人民对外文化协会湖北省暨武汉市分会、中国国际贸易促进委员会武汉分会等机构的办公地，也曾作为武汉钟表厂的厂房（"武汉"牌闹钟和第一批"武汉"牌手表在这里面世），之后也曾作为武汉市科技情报中心的办公室，现在是市民族宗教事务办公室。

一幢楼房，浓缩了近百年中国的历史，在武汉近现代建筑中尚不多见。

武汉防汛纪念碑记录的历史

“庆贺武汉人民战胜了一九五四年的洪水，还要准备战胜今后可能发生的同样严重的洪水。”这是1954年特大洪水过后毛泽东主席为武汉人民题的词，1969年10月被镌刻在滨江公园的武汉防汛纪念碑上。71年过去了，当年参加防汛战斗的青年人尚健在的都不多了，但这座记录辉煌历史的纪念碑仍然耸立在长江堤防上，无言地诉说着当年种种惊心动魄和感人至深的英雄故事。

1954年长江上中游气候反常。5月，武汉上游的洞庭湖区和下游的鄱阳湖区都出现了大暴雨，长江上中游相继出现洪峰。6月下旬，武汉及其周边地区连降暴雨，三镇堤防外受江水冲刷，内被渍水浸泡，6月25日武汉关水位达到26.30米的警戒水位，比1931年同日水位高出两米多，情况万分危急！武汉市委召开紧急会议，把防汛工作作为全市压倒一切的中心，并发表告全市共产党员、共青团员和人民书。市人民政府也发布命令，号召全市人民紧急动员起来，战胜洪水，确保武汉地区国家建设和人民安全。仅仅只有几天，5000多名干部、近10万防汛大军开上堤防前线；防汛所需物资器材，通信、排水、发电设备迅即集

武汉防汛纪念碑

中，一场伟大的防汛战斗开始了。

7月12日，武汉关水位达到28米。沿江上自郝穴，下到南京、镇江，水位都超过了历年同期最高纪录。加之汉江流域又出现3次洪峰，18日武汉关水位高达28.28米，突破了1931年的最高水位。27—29日，6到7级大风袭击武汉，很多堤段出现危险，但防汛军民并肩战斗，争先恐后组成人墙，终使大堤转危为安。然水位仍在上涨，8月3日突破29米，18日更涨到29.73米，各处堤防险象环生，江城危在旦夕！

就在武汉人民同洪水搏斗之时，上游广大地区几次分洪缓解武汉汛情，确保武汉安全。全国各地的各类技术人员、各种器材设备和大批防汛物资源源不断送到武汉。为确保汛期武汉人民的生活，各地送来大批粮食、蔬菜和各种生活日用品，真可谓一方有难，八方来援。正是各方面的努力，才有了堤外水面高达29.73米，堤内中山大道车水马龙，市面安定如常的局面。10月3日，武汉关水位终于降到26.30米的警戒水位之下，武汉人民终于胜利了。

武汉防汛纪念碑通高37米，碑基宽12米、长20米。碑的两侧各有一幅巨大浮雕，一幅表现的是防洪大军全力以赴、始终走在洪水前面的图景，一幅表现武汉军民筑成人墙战洪水的图景。2008年，纪念碑被列为省级文物保护单位。

供应港澳的751次快运列车

20世纪60年代初期，国内遭受严重的自然灾害，依赖内地生存的香港市场受到严重影响。1961年，在周恩来总理的过问下，国家经委、铁道部和外贸部决定联合开辟供应港澳市场鲜活商品的快运列车。

1962年3月20日，在江岸货场装满鲜活冷冻食品的751次快运列车，从江岸车站出发，南下广东，三天后开进深圳北站。此后，每天从江岸车站始发一列快车，一直到 1972 年 9 月，国家才把长沙北站也列为 751 次列车始发站：即江岸车站双日装车，单日始发；长沙北站单日装车，双日始发；遇月大，江岸站则在 31 日增加 1 列始发。

60 年代的香港，库存困难，鲜活食品的市场供应极不稳定，猪肉是高消费品。由于费用高昂，香港居民对粮油食品类的品质、口味、新鲜度、外观质量的要求相当高。江岸货场经过实践，总结出供港工作“优质、适量、均衡、应时”的八字方针，保证每一趟列车运载的都是高质量精品。

751 次列车开通之时，也是中国经济最困难之时。但考虑到香港居民的需求，湖北的百姓勒紧腰带，保障鲜活食品源源不断运往香港。汉阳月湖的特产“月湖藕”，曾与洪山菜薹齐名。几十年间，湖北每年都会精选大量月湖藕、洪山菜薹运往香港。751 次快车因而被誉为保证港澳供应的生命线。

80 年代，运往香港的鲜活冷冻商品，在港澳市场上占据了举足轻重的地位，其中活畜、活禽占香港市场份额的 90%。至 1997 年 3 月 20 日，751 次列车风雨无阻地奔驰了 35 周年，其中由江岸车站始发 6198 列，装 245991 车，发送货物 860 多万吨。1997 年 4 月 1 日，铁路调整运行图时，751 次列车改为 8751 次快车。

2006 年，共运行 44 年、4 万多列的供港澳直达快运货物列车停运，据统计，供给港澳市场活猪、活牛共达 1 亿多头，平均每个香港人折合 10 多头。江岸货场有个“肥猪专用道”，无数头猪、牛从那里走上 751 次快车，走上香港人的餐桌。武汉晚报记者胡伟鸣曾经跟随这趟列车南下，拍摄这些运港的活猪。

非物质文化遗产保护

自2011年6月1日开始实施《中华人民共和国非物质文化遗产法》以来，仅仅只有14年的时间，江岸已有国家级非物质文化遗产保护（以下简称非遗）1项，省级以上11项，分布在传统医药（5项）、传统技艺（5项）、传统美术（2项）3个类别中。

江岸的国家级非遗名为汉派彭银亭中药炮制技艺，在传统医药类中。该技艺2010年入选武汉市非遗名录，2011年入选省级非遗名录，2018年入选第五批国家级非遗名录。

中药炮制学是中国医药遗产的重要组成部分，传统制药技术是一门精深的学问，凡中药材，大多要经过烧、炼、炮、炙等方法炮制，药效才能更好地发挥。汉派彭银亭中药炮制技艺独具特色，是汉口药帮继承李时珍《本草纲目》记载的传统炮制方法并融合各帮派炮制经验形成的。其代表性传承人、国家第三批名老中医药专家彭银亭的关门弟子张义生教授，总结有"是药不丢、非药不用；依候而制、减毒增效"的十六字核心要素，其意为炮制药材有严格要求。比如，该技艺讲究非道地药材不用；炮制所用辅料考究，所用辅酒系高粱酿制白酒，所用麦麸为蜜麸。

该技艺炮制饮片时，讲究七分切工，三分盘晒。为什么是七分切工？因为在中药界，切药刀具是炮制中药的第一把利器，药材的厚薄、大小、形状都会影响饮片乃至成方制剂的药用效果，一把好刀就是炮制成功的关键。故而该炮制技艺挖掘了旧时药学界"见刀认帮"的历史价值与文化内涵，保存刻有黄陂产"张同兴"三字的手工切药刀等制药工具十三件套，其刀小巧，钢火纯正，刃口锋利。这些刀具反映了汉口帮药材切制刀具出自"张同兴"的相关史实，留下了"张同兴"打造切药刀具的历史记忆。这些老刀也有效保证了七分切工的质量。

盘晒虽只占三分，但也须依药性分别进行阴干、晒干和烘干处理；“依候而制”则是强调部分药材的炮制须讲究时令。如冬制桑白皮，气温5度以下方可炮制芒硝，至阴历六月六则制六神曲等等。上述作为，都是增强药效的重要技艺和方法。

该炮制技艺秉承传统中医药的炮制过程，把中药炮制的核心价值和责任传承至今。如今，彭银亭炮制室已发展成产、学、研、用相结合的中药炮制中心，被国家中医药管理局确定为全国中药炮制技术传承基地。

另外四项省级传统医药类非遗项目，分别是张介安中医儿科诊疗法、张真如诊疗法、林氏中医瘰疬疮疡诊疗法和刘达夫柳枝正骨法（原称“汉派骨伤诊疗技术”，2024年底入选省级非遗时改今名），前三项都出自武汉市中医医院。

传统技艺分别是老通城豆皮制作技艺、五芳斋汤圆制作技艺、剧装戏具制作技艺、武汉传统漆艺、微缩木雕技艺，其中豆皮和汤圆就是武汉人的“非遗美食”。剧装戏具制作技艺相当复杂，任何一件戏服，都要经过设计、分解制作细节、画图、制针稿、印图案、配面料、手绣、裁剪、制作等多个环节。传统美术分别是武汉木雕和武汉玉雕。

为了更好地传承和宣传非遗，江岸区设立有中医药博物馆、木雕非遗文创工作室、武汉玉雕大师工作室、传统漆艺保护基地以及“姜先生”剧装戏具制作工作坊。

江岸每一个非遗项目的后面，都是一个甚至数个传承人，他们的精湛技艺，凝结了一代又一代人的心血结晶。保护一门传统技艺，就是保护一门行当的历史，就是保护地域和民族印记的有效方式。

吉庆民俗街

20 世纪 80 年代末 90 年代初，在大智街辖区的吉庆街、交易街、瑞祥路、大智路附近，喜爱纳凉消夜的居民自发组成夜市“大排档”。在不足百米长的街道两旁，近六十家经营户把这里打造成一条不眠的街市。每到夜幕降临，这里就成了一个大舞台，上演着精彩的汉味故事；这里也像一个大超市，摆放着应有尽有的汉味饮食。只要你来到这里，便可以按照自己的意愿，点一桌带有武汉特色的美味佳肴，然后坐在喧闹的路边餐桌旁，酣畅淋漓地吃到心满意足，以至于武汉人常说“过早户部巷，消夜吉庆街”。

吉庆街的“大排档”，是自由的天地，在宽仅十来米的路边，简易的圆桌板凳摆得密密麻麻，各种菜食一律摆在敞开排列的货架上。食客们坐在桌旁，自由自在地大口喝啤酒，潇洒地吃麻辣虾球、啃香辣的精武鸭脖和牛骨头，吃到开心处，可以扯起嗓门大喊大叫。但仅仅只有“夜宴”肯定是不够的，这里的汉味文化和“夜宴”的融合才最让人留恋。入夜后，穿梭在桌旁的有卖花女，有画像师，还有上百名拉琴卖唱的民间艺人，他们在不同的餐桌旁进行雅俗共赏、老少咸宜的汉味民间表演，和食客们共同构成一幅吉庆街上的“清明上河图”。

武汉作家池莉敏锐地捕捉到这一现象，根据吉庆街的夜市生活，创作了小说《生活秀》，成功塑造了一位吉庆街女老板来双扬的形象。来双扬是吉庆街第一位个体餐饮经营者，她的小店在吉庆街中央，专卖鸭脖。她化着精致的妆，风情万种、一脸光鲜地坐在小摊前，并总是点燃一支香烟夹在手中。但她实际上在吞咽着生活的苦涩，品味着生活的艰辛。她孤身一人，不屈不挠地活着，并拼出命来活出自己的光鲜靓丽和独特风韵。

小说出版后，影响很大。武汉京剧院把小说改编成现代京剧《生

活秀》，该剧在剧本创作以及音乐表现上大胆创新，开场便用一段舞蹈把夏季人们在街头纳凉的生活场景活灵活现地展现在观众面前，颇具武汉地方生活特色。后来，《生活秀》又被改编成同名电视剧和电影，电影由著名演员陶红主演。电影上映后，获得“金鸡奖”和“百花奖”，吉庆街由此名扬全国。马季、侯耀文、孙悦、韩红等许多明星大腕，都专程到这里体验生活。许多来汉出差、旅游的外地客人，也纷纷来到吉庆街，加入“消夜”的行列，从中品味吉庆街的汉味生活乐趣。

2009年3月，为充分挖掘吉庆街这张“文化名片”的文化旅游资源，武汉市斥巨资对其进行整体搬迁改造，意欲将其打造成集餐饮、休闲观光、旅游购物于一体的品牌商业街。2012年3月8日，新的吉庆街改造完成，范围北至铭新街，东临大智路，西至黄石路，南临中山大道。与旧街相比，新街变身一条红墙回廊、挑檐窗花的有清末民初建筑特色的新街，街内设置有专供艺人表演的舞台。

吉庆街

2016年借中山大道改造之东风，政府再次对吉庆街进行配套改造，向集“汉味美食、非遗文创商品、休闲娱乐、旅游观光”于一体的多种业态共存的跨界经营转变。这次改造后，老通城、四季美、蔡林记、小桃园等三十家武汉“老字号”云集街内，一批非物质文化遗产的文创及湖北大鼓、民间杂技、都市茶座、武汉方言等文化市集也汇聚于此。2016年12月28日，吉庆街和中山大道同时开街。此后，每逢夜幕降临，华灯初上，中外来宾和八方游客便有了一个领略武汉都市风情的新窗口。

中国第一例高楼控爆抢险

1995年12月26日上午9时55分，随着长鸣的警报笛声，新三眼桥桥苑新村B栋控爆抢险现场指挥长准时在10时整发出倒计时口令：“五、四、三、二、一，起爆！”“轰，轰隆隆……”顷刻，一栋18层、高56米的大楼瞬间成为废墟。

这是一栋钢筋混凝土结构的商住楼，占地面积900余平方米，平面布置呈“H”形，总面积1.7万平方米，总重量3.24万吨，1995年12月刚封顶，由于桩基突发不均匀沉降，大楼开始倾斜，用技术手段多次纠偏均无效。短短的几天，楼顶便肉眼可见地向北水平位移1.3米，并以每小时2厘米的速度继续倾斜，至施爆前已倾斜2.88米。情况十分危急，若不采取紧急措施，预计只需两天便会出现倾覆的恶果。

市委、市政府对这一突发情况高度重视，为确保周边市民生命财产安全，市政府果断决定对整栋大楼实施控爆拆除。市领导明确指示：一定要在大楼自然倾倒之前完成控爆拆除，绝不能死伤一人。在市政府领导下，立即组成由市建委、建设方、公安、爆破等单位参加的现场抢险指挥部。

12 月 22 日下午，武汉市政科研院率先接到命令，一方面立即指令该院下属爆破公司科技人员赶赴现场，踏勘周围环境，连夜制定爆破方案与技术设计；另一方面迅速调集管理人员组织设备、器材、火工品进场，研究总体施工管理与协调方案。铁四院控爆所接到命令也火速拿出实施方案。问题是，这栋楼仅一方毗邻街面，其他三面被密集的厂房、车间、仓库、居民区及两栋新完工的楼群围绕，留给控爆倾倒用的场地只有五六十米长的临街面，控爆方案的制订相当困难。市公安局召集爆破专家及十家参与爆破的单位（市建委系统三家、中央在汉单位四家、部队系统三家）反复论证，决定采取“延时分段定向坍塌”的总体方案实施爆破。通过多种安全措施的设置，终于成功控爆拆除了严重倾斜的高楼。

爆破如此巨大的高楼，从组织指挥到爆破完成仅用了 72 小时，在武汉市是首次，在全国也无先例。

图书在版编目（CIP）数据

江岸风华 ：武汉市江岸区历史文化读物 / 董玉梅著 .
武汉 ：长江出版社，2025. 3. -- ISBN 978-7-5804-0088-8

Ⅰ . K296.34

中国国家版本馆 CIP 数据核字第 202510VK74 号

江岸风华：武汉市江岸区历史文化读物

JIANG'ANFENGHUA : WUHANSHIJIANG'ANQULISHIWENHUADUWU

董玉梅　著

责任编辑： 邱萍　李栋栋
装帧设计： 彭微
出版发行： 长江出版社
地　　址： 武汉市江岸区解放大道 1863 号
邮　　编： 430010
网　　址： https://www.cjpress.cn
电　　话： 027-82926557（总编室）
027-82926806（市场营销部）
经　　销： 各地新华书店
印　　刷： 湖北金港彩印有限公司
规　　格： 787mm × 1092mm
开　　本： 16
印　　张： 16
拉　　页： 2
字　　数： 220 千字
版　　次： 2025 年 3 月第 1 版
印　　次： 2025 年 5 月第 1 次
书　　号： ISBN 978-7-5804-0088-8
定　　价： 98.00 元